바쁨과   헤어지는 중입니다

바쁨과   헤어지는 중입니다

내 속도를
되찾기 위한
일상
안내서

이본 탤리 지음 | 이미숙 옮김

목차

언제부터 바쁘다는 말을 달고 살았던 걸까

언제부터인가 우리는 '바쁘다'는 말을 '잘 지낸다'라는 의미로 사용하고 있다. 지하철에서든 회사 복도에서든, 어디에서나 바쁘다는 말을 쉽게 들을 수 있다. 심지어 우리는 바쁨을 당연시한다. 항상 바빠야 하며, 만일 바쁘지 않다면 틀림없이 시간을 낭비하고 있거나 게으른 사람이라는 문화적 기대가 존재한다.

그런 의미에서 '바쁨'은 이상야릇한 신분의 상징이다. 가짜 명품 의류와 비슷하다. 다시 말해 겉보기에는 정말 그럴싸해 보이지만 들여다보면 짜임새가 고르지 않고 디테일이 빠져있다. 오로지 입는 사람만이 눈에 보이는 게 허상에 지나지 않는다는 사실을 알고 있다. 그럼에도 가짜 명품을 입으면 잘나가는 집단의 일원이 되었다는 기분이 들기 때문에 쉽사리 벗어나지 못한다. 어딘가에 소속되어 자신의 가치가 높이 평가받기를 원하는 것은 인간의 본성이다. 하지만 세상이 기대하는 '바쁜 집단'의 일원이 되려다가, 우리는 너무나 큰 대가를 치르고 있다. 어쩌다가 바쁨이 소일거리에서 생활 방식으로 바뀌어버린 걸까?

대부분의 사람들이 바쁨이 어떤 느낌인지 꿰뚫고 있다. 하루 일과를 쪼개어 온갖 요구 사항에 부응하려고 애쓸 때면, 바쁨이 훌쩍 앞서나간다. 지푸라기라도 잡고 싶은 심정이다. 복제 인간이 나를 대신해서 일 좀 해줬으면 좋겠고, 완벽한 인공 지능 비서는 언제 개발될지 궁금해진다. 때로는 모든 것을 다 잊고 유유자적한 휴가를 꿈꿔보기도 한다. 그렇다. 사실 바쁨을 없애려면 이 세 가지가 모두 필요하긴 하다. 하지만 끝이 없는 해야 할 일 목록과 폭주하는 휴대폰을 양손에 나누어 든 우리는 철저히 혼자이다. 우리의 일과를 들여다보면 온갖 대화와 독백이 가득하다.

게다가 바쁨이란 단순히 어떤 행동에 그치지 않는다. 그것은 시간의 소유권을 주장하는 풍조라 할 것이다. 단순한 해결책만으로는 바쁜 일상에서 벗어날 수 없다. 우리는 우리의 행동 뒤에 숨은 동기를 찾아야 한다. 끝을 모르는 과중한 스케줄과 '꽤 바쁘게' 움직이지 않을 때 주변으로부터 받아야 하는 질책의 눈초리에 종지부를 찍을 방법은 이것뿐이다. 우리의 행동에 동기를 부여하는 것이 무엇인지 이해해야만 진정한 삶의 변화를 불러일으킬 수 있다.

그렇다면 어떻게 해야 자신을 위한 잠깐의 여유를 찾을 수 있을까? 여차하면 바쁨의 심연 속에 빠지기 쉬운 그 언저리에 우리가 서 있다는 사실을 어떻게 깨달을 수 있을까? 안타깝게도 대개의 사람들은 너무나 바쁜 나머지, 다가오는 신호들을 놓치고 스케줄이 과중한 생활 방식 속으로 곤두박질친다. 그리고 우리가 미처 깨닫지 못한 사이에 바쁜 속도를 새로운 일상으로 받아들인다. 그러나 우리에게 운이 따른다면, 마지막으로 곤두박질치기 전에 현실을 일깨워줄 신호를 만날 수 있다.

내게는 어느 화창한 8월의 아침에 그 신호가 나타났다. 마스카라를 손에 쥐고 있었고 화장 거울 한켠에 커피가 놓여있던 그때, 눈앞의 세상이 갑자기 깜깜해졌다. 다른 곳도 아닌 우리 집 욕실에서 별들이 떠다니고, 눈앞이 흐려지며, 심장이 방망이질치고, 가슴이 조여왔다. 나는 바닥에 쓰러진 채 숨을 쉬기 위해 안간힘을 썼다.

처음엔 심장 마비가 왔다고 생각했는데, 그 순간 내가 사랑한 전부를 잃을 것이라는 공포감이 엄습했다. 나는 이내 내 삶에서 내게 의지했던 사람들을 꼽아보았다. 이런 식으로 그들을 저버리게 되는 거야? 어떻게 내게 이런 일이 일어날 수 있지? 내가 다른 곳도 아닌 우리 집 욕실 바닥에서 죽어가고 있는 거야?

그러다 구급대원들이 도착해서 화장하다 만 내 얼굴에다 산소를 주입했을 때, 내 허영심이 고개를 들었다. 나는 어질러진 침실과 아침을 먹고 싱크대에 쌓아둔 접시들, 그리고 미처 마스카라를 칠하지 못한 한쪽 눈을 떠올렸다. 내가 중요하게 생각하는 것들이 완전히 엉망진창이 되었다는 명백한 증거들이었다. 어째서 나는 그 상황에서 정리가 완벽하지 않다는 생각을 하고 있었을까?

앰뷸런스에 실려 병원으로 향하는 동안에도 머릿속에는 온통 '지금은 안 돼, 난 할 일이 너무 많아!'라는 생각뿐이었다. 이런저런 검사를 받고 몇 시간 동안 결과를 기다린 끝에 응급실 담당 의사는 심장마비가 원인이 아니라고 말했다. 그는 안경 너머로 나를 쳐다보며 공황 발작이 일어난 것이라고 전했다. 내가? 공황 발작이라고? 의사가 오진을 한 거겠지! 나는 당황스러웠다. 그리고 의사가 공황 발작은 대개 여성에게 일어난다고 덧붙였을 때, 모욕감과 호기심을 동시에 느꼈다.

그간 나는 좌절과 짜증이 별일 아니라며 스스로 설득하기를 줄곧 되풀이해오고 있었다. 이미 바쁨은 나의 일상이었다. 몰아치는 일, 과도한 계획, 엄청난 스케줄, 약속, 행사, 책임. 이 모든 것이 한꺼 번에 내 앞에서 춤을 추곤 했다. 그랬는데 이렇게 바쁨으로부터 기습 공격을 당하다니. 부끄럽고 짜증스러웠다. 나는 뭐든 바꾸기로 결심 했다. 다시는 이런 일을 당하지 않겠다고 스스로에게 다짐했다. 병원 을 다니거나 응급실 침대에 누워 진짜 응급 환자들을 쳐다보며 기다 릴 시간이나 돈 따위는 내게 없었다. 자기 조정이 필요한 때가 온 것 이다. 발작을 멈출 방법은 몰랐지만 그 방법을 찾겠다는 결심은 단호 했다.

　나는 우선 내 생활에서 그토록 큰 불안과 긴장을 일으키는 것 이 무엇인지 세심하게 들여다보기로 했다. 어떻게 나 같은 사람, 그러 니까 긍정적으로 생각하고 활동적이며 유기농 음식을 먹는 운동 애호 가가 앰뷸런스에 실려가는 꼴을 당했는지 혼란스러웠다.
　호기심이 발동해서 다른 여성들에게 내 경험을 전했을 때, 비 슷한 일을 겪은 사람이 많다는 사실에 무척 놀랐다. 많은 여성들이 자 신이 느꼈던 두려움을 묘사했다. 이들은 공황 발작, 피로, 만성적인 욕 구 불만, 짜증, 우울을 경험했고, 이따금 사무실이나 욕실에서 쓰러지 기도 했다. 모든 것을 다 갖추고, 업무를 완벽하게 처리하며, 그리 힘 들이지 않고 가정과 직장의 균형을 맞추는 것처럼 보이는 여성도 예외가 아니었다. 이들은 매우 의욕적이고 유능한 직장 동료, 훌륭한 학부형, 지역 사회 자원봉사자, 그리고 사회와 기업 행사의 적극적인 도우미였다. 동네에서 가장 먼저 주말 장을 보고, 봄이면 정원에 식물을 심었으며, 매년 새해 첫날에 가족의 여름휴가 계획을 세우는 사람들이었다. 이들은 재치와 결단력을 발휘하며 대학 시절을 별 탈 없이 보냈고, 탁월한 경력을 쌓았으며, 열정적으로 사회생활을 하고, 노련하게 모든 일을 처리하며, 삶의 균형을 맞추었다. 적어도 그렇게 보였다. 그들은 언제나 바쁜 사람들이었고, 그래서 나는 나를 포함해 그들 모두를 도울 해결책을 찾아야 했다.

해결책들은 내 수중에 있었지만 그동안 나는 바쁨과 관계를 맺느라 무척 바빴던 탓에, 내가 신발도 없는 이름뿐인 신발장이나 다름없어졌다는 사실을 미처 깨닫지 못했다. 나는 20년이 넘도록 건강하게 생활하기 위한 내 테크닉을 공유했지만, 정작 가장 중요한 요소인 마음 챙김을 무시하고 있었던 것이다.

마음 챙김은 그저 좋은 태도를 가지는 것에 그치지 않는다. 운동과 음식이 건강에 미치는 영향과 중요성은 누구나 알고 있지만, 어째서인지 마음 챙김이 한 사람의 삶을 바꿀 수 있는 도구로서 완전히 받아들여진 것은 최근의 일이다. 그렇게 마음 챙김에 관심을 가지기 시작했을 때, 20여년 전 엄마와 함께 경험했던 일이 하나 떠올랐다. 어버이날이 끼어있던 주말, 엄마는 나를 데리고 신경언어학 프로그래밍Neurolinguistic Programming, 흔히 줄여서 NLP로 불리는 세미나에 갔다. 오십 명 정도 모인 소집단이었는데 모두 일상생활의 질을 높이거나 그들의 의뢰인을 돕기 위한 방법을 찾고 있었다. 발표자는 역동적이고 매력적이었으며 대단히 신랄한 연사였다. 그가 청중 중에서 지원자를 찾았을 때 나는 손을 들었다. 왜 그랬을까? 모르겠다. 모르는 사람이 많은 자리에서 주목받는 것을 좋아하지 않았는데 말이다. 그런데도 나는 무대 위로 올라가서 제공받은 의자에 자리를 잡았다.

발표자는 무의식에 쌓인 감정적인 동요를 해소할 방법을 가르쳐주겠다고 말했다. 근사했다. 내가 원하던 바로 그것이었다. 방 안 가득한 낯선 사람들 앞에서 우는 것 말이다. 그가 내게 몇 가지 질문을 던졌을 때 나는 내 솔직함에 놀라면서 매번 대답했다. 하지만 중간쯤에 이르렀을 때 감정이 차올라 온몸이 긴장되는 느낌이 들었다. 손바닥에 땀이 나고, 이마에 힘이 들어가며, 두 뺨이 뜨끈해지면서 상기되고, 눈이 따끔거리기 시작했다. 그렇게 눈물샘이 폭발하려는 찰나 발표자가 느닷없이 이렇게 말했다. "당신의 전화번호를 거꾸로 말해보세요!" '뭐라고? 이 남자가 정신이 나갔나? 당신이 도와준 덕분에 그 잡다한 기억들을 들쳐내고 한바탕 눈물을 터트릴 준비가 되었는데 이

제 와서 그런 걸 시키는 건가요?'

하지만 머릿속에서 전화번호를 거꾸로 떠올리면서 소리 내어 말하려고 안간힘을 쓰던 중에, 나는 몸이 진정되기 시작하는 것을 느꼈다. 뺨은 이제 뜨겁지 않았으며 눈물이 터지려던 모든 징조가 사라졌다. 전화번호를 거꾸로 말하는 연습을 시작하면서 나는 내 기억과 연결된 감정들을 의식적으로 중단시킬 수 있었다.

이는 매일 똑같은 길을 운전하는 것에 비유할 수 있다. 매우 익숙하고 예측이 가능하다. 그런데 어느 날 느닷없이 어린아이가 당신의 자동차 앞으로 뛰어든다. 당신은 급브레이크를 밟고 곧바로 주변을 인식한다. 머릿속을 가득 채우던 생각은 깡그리 사라지고 당신의 관심은 온통 예상치 못한 사건, 즉 현재 순간에 쏠린다. 전화번호를 거꾸로 말하는 일의 원리도 똑같다. 그것은 자동적으로 일어나는 비생산적인 생각에서 지금 이 순간으로 인식을 전환시키는 빠르고도 간단한 방법이다.

그날 나는 내가 오래전에 스스로 만들어놓은 무의식적인 반응에 따라 행동했으며, 그 과거의 경험 훈련이 습관을 만들고 감정을 유도했다는 사실을 깨달았다. 비록 NLP의 간단하고 단편적인 본보기에 지나지 않았지만 그 테크닉은 내 인식을 바꿔놓았다. 나는 훈련의 무한한 가능성과 나를 제한하는 행동이나 비생산적인 습관을 일깨우는 모든 테크닉에 깊은 인상을 받았다. 하지만 나는 자신에게 솔직할 준비가 되었는지 확신이 없었다. 그리고 마음의 준비가 될 때까지 20년이라는 세월과 공황 발작을 필요로 했다.

그 공황 발작을 겪고 나서 나는 NLP 마스터 프랙티셔너 과정을 밟고 인증서를 취득했다. 그리고 캘리포니아 NLP 협회의 팀과 크리스 할봄 덕분에, 신속하고 지속적인 생활 방식의 변화를 위한 지름길로 들어설 수 있었다.

그 후 나는 시간에 쫓기는 생활 방식에서 야기되는 모든 문제들과 그 원인을 조사하기 시작했다. 그 과정에서 우리를 바쁘게 움직이게 만드는 함정뿐만 아니라 '여자들이 모든 것을 처리할 수 있다고 말했고 그래서 모든 것을 얻었다'고 속삭이는 근원적인 풍조가 있음을 발견했다. 이때 '모든 것'이란 가족과 경력을 의미한다. 지난 40년 동안 우리는 '바쁜 집단'의 일원으로서 이 두 가지를 위해 잠시도 쉬지 않고 달려왔다.

하지만 이 경주에 참여한 대가로, 즉 모든 것을 해야 하고 할 수 있다고 믿은 대가로, 우리는 항상 일과 가정 사이에서 허덕여야만 했다. 가족의 지원을 충분히 받지 못했으며, 재정적인 책임을 더 많이 부담했고, 심지어 그 모든 일을 잘 해내야 한다는 사회적 압박을 받았다. 그런데도 우리는 침착함을 잃고 당황하거나, 주변 사람들에게 도움을 요청하면 제대로 해내지 못했다고 느낀다.

공황 발작은 내 바쁜 생활 방식의 상징이었다. 나는 밤새 간간히 눈을 붙이며 5시간 정도 겨우 잠을 잔 다음, 새벽 4시 45분에 일과를 시작했다. 업무는 대개 12시간씩 해야 했는데 어린 딸이 잠든 후 밤늦게까지 일하는 경우도 적지 않았다. 물론 나는 내 일을 좋아했지만 일이 지나치게 많았다. 규칙적인 운동과 건강한 식생활도 내 생활 방식의 일부였으나, 스케줄을 과중하게 잡는 습관으로 말미암아 이 두 가지의 장점이 무색해졌다. 그것은 그리 좋은 징조가 아니었다. 그래서 나는 습관을 바꾸기 위해 몇 가지 선택을 해야 했다.

나는 '바쁘다'라는 내 상태를 인지하고 이 책에서 제시한 해결책을 직접 실천한 덕분에, 더 이상 공황 발작이 일어나지 않는다고 말할 수 있어서 정말 기쁘다. 책의 모든 이야기들은 내 경험과 20년 이상 함께 일해온 다른 여성들의 사례를 바탕으로 했고, NLP에서 영감을 얻은 여러 방법을 토대로 바쁨과 헤어지기 위한 해결책을 담았다. 더불어 디팩 초프라잭, 캔필드, 릭 핸슨 그리고 손드라 콘블라트의 작품에서도 많은 영감을 얻었다. 그들의 훌륭한 책은 지금껏 마음 챙김과 생활 방식에 중대한 영향을 미쳤다.

나는 당신의 포부와 목표, 개인 시간이 하루 일과 중 선택 사항으로 전락하는 일이 없었으면 좋겠다. 당신은 소중한 존재이다. 그래서 나는 당신이 바쁨의 함정에 벗어나 당신에게 어울리는 삶으로 돌아가기를 간절히 바란다.

우리는 자신의 에너지가 무한하다고 착각해서, 때로는 누구보다 완벽히 일을 처리해서 인정받고 싶은 마음에, 때로는 내가 아니면 아무도 대신할 사람이 없다고 믿는 까닭에 다양한 역할을 수행한다. 창조적이고 역동적인 전문가, 척척박사 부모, 이해심과 사랑이 넘치는 파트너, 그리고 훌륭하고 믿음직한 친구가 되겠다는 목표를 동시에 세운다. 완벽해야 한다는 기대치로 말미암아 비현실적이고 지독히도 무거운 마음 상태로 여러 가지 일을 한꺼번에 처리하는 동안, 커피에 흠뻑 절은 숨을 힘없이 내쉬며 나지막이 이렇게 중얼거린다. '아, 그것도 해야 하는데…. 언제나 모든 걸 내가 해야 한다는 게 정말 지긋지긋해!' 이제 패러다임을 바꾸고 한번에 한걸음씩 새로운 방향으로 움직여야 할 때가 왔다.

이제 당신이 바쁘고 부산스러운 혼란에서 벗어나 자신의 시간을 되찾고자 노력하는 여성 가운데 한 명이라면, 바쁜 경주에서 벗어나는 첫 단계로써 잠시 멈추어 휴식을 취하라고 말해주고 싶다. 이 책은 마땅히 누려야 할 삶의 즐거움과 평온함이라는 결과물을 당신에게 되돌려줄 것이다. '모든 일을 처리해야 한다'는 다급한 흥분 상태를 줄이는 한편, 진정한 자신을 발견하고 자신의 기대를 재평가하는 법을 배울 것이다. 바쁨이 의미하는 신호를 읽고 도대체 왜 이렇게 끊임없이 바쁜지 그 이유를 찾을 수 있을 것이다. 그리고 바쁨과 헤어지기 위한 맞춤형 해결책을 배울 것이다. 마지막 책속부록에서는 당신의 주의를 환기시키고 기억을 되살릴 52개의 이야기를 실었다. 이를 통해 당신은 당신의 일상을 바쁨과 멀어지게 만들 지침들을 다시 한번 점검하고 삶의 방향성을 찾을 수 있게 될 것이다.

1장

오늘도_____

_____ 너무 바빴습니다

바쁨의 모든 신호를 놓치지 않으려고

애를 쓸수록, 당신의 에너지만 소모될 뿐이다.

속도를 늦추고 생각을 정리하라.

도대체 우리는 왜 이렇게 바쁜 걸까?

어쩌면 당신은 언제나 최고의 모습만을 보여주기 위해 바쁠지도 모른다.

어쩌면 당신은 다른 사람들에게 인정받기 위해 노력하느라 바쁠지도 모른다.

어쩌면 커다란 성공을 목표로 삼고 이를 이루기 위해서는

바쁜 게 당연하다고 믿고 있을지도 모른다.

어쨌거나 한 가지 분명한 사실은 당신이 지금 바쁘고,

이 바쁨에서 벗어나기 위한 실마리를 도무지 찾지 못한다는 것이다.

바로 이럴 때 바쁨의 신호가 찾아온다.

당신이 정신적 · 육체적으로 한계에 이르고 있고,

당신 삶의 패턴을 반드시 바꿔야 한다는 그 신호 말이다.

이제 당신 삶 속에 전광판처럼 밝혀진 바쁨의 신호를 찾아보자.

너무나 바쁜 그들의 고백

너무나 당연한 말이지만, 스케줄이 많으면 바쁠 수밖에 없다. 내가 그동안 만났던 상담자들 역시 마찬가지였다. 그들은 나에게 엄청난 스케줄을 처리하기 위한 자신만의 독창적인 방법을 들려주곤 했다. 언뜻 보면 하루하루를 바쁘게 만드는 패턴 몇 가지만 고치면 될 것 같지만, 조금 더 자세히 살펴보면 안타깝게도 바쁨의 풍조가 널리 수용되도록 만드는 마인드가 그 속에 뿌리 깊이 박혀있었다.

예를 들어 상담을 위해 찾아온 한 여성은 일하면서 식사를 하는 걸 당연시여겼다. 그녀는 아침마다 냉동실에서 냉동 제니 크레이그(Jenny Craig, 미국의 체중 감량 전문회사-옮긴이)를 꺼내 자동차 대시보드 위에 놔두는 습관을 가지고 있었다. 한낮 무렵이면 완전히 녹아서 먹기 좋을 만큼 따뜻해진다. 그러면 아침에 집안일을 끝내고 볼일을 보러 나갈 때, 운전을 하면서 간단히 점심을 때울 수 있다고 했다. 그녀의 삶을 들여다보면, 바쁨이 매일 몇 분을 차지하는 수준을 넘어서 하루를 통째로 삼켜버렸다. 이미 바쁨이 습관을 넘어 하나의 문화가 되고 만 것이다.

고등교육을 받고, 취업하고, 융통성 있는 선택을 할 수 있다고 해서 자유로워진다는 의미는 아니다. 오히려 반드시 참석해야 할 회의와 지킬 수 없는 약속, 그리고 오늘과 내일의 경계선을 모호하게 만드는 스케줄이 기다리고 있다. 그저 일을 처리하는 데 급급하다 보니 미흡한 부분을 바로잡는 데 자유 시간을 다 써버린다. 책임과 기대의 불균형 탓에 개인의 재충전은 기껏해야 하루 일과의 참고 사항으로 전락해버린다.

상담을 위해 찾아온 르네가 바로 그런 경우였다. 그녀는 완벽한 엄마 역할을 하느라 완전히 지쳐있었다. 르네의 딸은 엄마가 룸 페어런트(room parent, 미국의 초등학교에서 자원해서 여러 가지 학급 활동을 도와주는 부모-옮긴이)로 활동하기를 원했다. 르네는 딸을 위해 진심으로 그 일을 하고 싶었지만 직장 일이 너무 버겁다 보니 시간을 낼 수 있을지 자신이 없었다. 그래서 다른 학부형에게 역할을 분담하자고 부탁했더니 그녀는 이렇게 대답했다. "그런 식으로는 안 돼요. 우선순위를 명확히 아셔야죠. 딸이 지금 나이에 영원히 머물러있지는 않아요." 그 순간 르네는 자신도 모르는 사이에 속해있던 집단에서 추방당한 기분을 느껴야만 했다. 결국 룸 페어런트를 맡았지만 결과는 대실패였다. 다행히도 여동생이 대부분의 학급 행사에 대신 참석해주긴 했지만, 어떻게든 참석할 방법을 찾아야 했던 르네로서는 마음이 편치 않았다. 분명 르네는 업무를 훌륭하게 처리하고 능력있는 팀장이었지만, 초등학교 2학년 학생들을 과학 박물관에 데려가는 일은 능력 밖이었다고 한탄했다.

때론 바쁨에 집착하는 사람들도 있다. 의식적으로 생각해서가 아니라 그냥 바쁜 생활 방식이 반드시 필요하다고 믿는다. 그들은 해야 할 일을 적은 긴 목록을 확인하면서 다음날을 위한 새 목록을 작성한다. 아니면 일 처리 속도를 높이는 데 효과적이지 않음을 알면서도 멀티태스킹을 버리지 못한다. 일을 처리하며 바쁘게 움직이면 중요한 사람이 된 듯한 기분이 느껴지기 때문이다. 그것은 짝사랑하는 사람에게서 윙크를 받는 것과 다르지 않다. 스스로 특별하다고 느끼지만 왜 특별한지 혹은 그것이 무슨 의미인지 확신하지 못한다.

부모는 아이들이 대학에 진학하거나 독립할 때까지 최소한 20년 동안 아이들을 돌본다. 그런데 대개 이쯤에서 끝나지 않아서 문제다. 전문가로서 성공적인 경력을 쌓으려면 거의 비슷한 기간이 걸린다. 아직 미혼인 사람이 연애를 하려고 해도, 데이트 사이트를 찾거나 소개팅을 하면서 누군가를 만나고 알아가는 과정을 반복하려면 충분한 시간을 할애해야 한다.

이 모든 활동을 버킷 리스트에 올린다면 이렇게 요약될 수 있을 것이다. 사랑, 경력, 가족. 충분히 타당해 보인다. 하지만 숨은 뜻을 찾아보면, 끝나지 않는 바쁜 춤을 계속 추게 만드는 함정이 어디에 있는지 발견할 수 있을 것이다. 내 지인 중 하나인 쟈넷의 일상이 바로 그러하다.

쟈넷은 행사에 참석하는 것을 무척 좋아했다. 대개 어디든 참여하겠다고 약속한다. 하지만 정규직으로 일하면서 두 아이를 키우고 있다 보니, 가족과의 시간을 뺏기지 않고 모든 행사에 참석할 방법을 찾아야만 했다. 가장 바쁠 때는 주말이었다. 아이들이 참가하는 스포츠 활동이 많은 데다가 이런저런 행사가 몰리기 때문이다. 한번은 하루에 결혼식이 두 건이었던 적이 있었다. 이때 쟈넷은 첫 번째 결혼식에 참석해 예배를 보고, 두 번째 결혼식 피로연에 갔다가, 다시 첫 번째 결혼식으로 돌아가 피로연에 참석했다고 했다. 두 결혼식은 사뭇 다른 분위기여서 옷을 두 벌 준비해야 했고, 자동차 안에서 옷을 갈아

입었다. 쟈넷은 그 상황 자체를 재미있어 했다. 물론 그녀의 남편은 그녀를 비정상이라고 생각했지만 말이다. 그녀의 남편이 쟈넷에게 왜 두 결혼식에 모두 가야 하냐고 물었을 때, 그녀는 이렇게 말했단다. "사람들이 내가 참석할 거라고 기대하니까. 그리고 어느 쪽도 실망시키고 싶지 않단 말이야!" 이런 일은 쟈넷에게 전혀 이상한 일이 아니었다. 그녀는 최선을 다하고 최고가 되고 싶어 했으니 말이다.

이제 이해했을 것이다. 바쁨과 헤어지지 못하는 사람들의 숨겨진 신념을 말이다. 한마디로 '모두 실행하라. 일을 처리하라. 최선을 다하라! 그리고 다시 실행하라!'로 요약될 수 있는 그 함정 말이다.

우리 어머니는 '나는 한 발로 탭댄스 추는 사람보다 더 바쁘다'고 말하곤 했다. 나는 이제 그 말이 무슨 뜻인지 이해한다. 장담하건대 당신도 그럴 것이다. 언제나 바쁜 이들의 이야기에서 볼 수 있듯이, 자신이 선택한 삶에서 뒤처지지 않기 위해 최고 속도로 춤추고 있는 사람이 너무나 많다. 이제는 바쁜 움직임 이면에 숨겨진 이유를 발견하고 경계선을 정해야 할 때다. 더 이상 허둥대지 않고 조화롭게 춤을 출 수 있도록 바쁨의 흐름을 멈추고 속도를 다시 정할 방법을 배울 차례다.

바쁨과 헤어져야 할 열 가지 신호

당신은 경주를 하는 것이 아니라 삶을 살고 있다. 바쁨과 헤어지는 과정은 끊임없이 따라잡아야 하는 경주를 그만두고, 나의 속도를 되찾는 것과 마찬가지다. 이를 위한 첫 단계로, 당신은 당신이 바쁨에 어느 정도 휘둘리고 있는지를 살펴봐야 한다. 만약 당신이 특정 신호를 강하게 느끼고 있다면, 이는 바쁨이 당신의 삶을 완전히 뒤흔들고 있다는 의미다. 더 이상 바쁨을 방치하지 말고 그 속에서 빠져나와 당신의 삶을 재구성해야 한다는 의미다. 바쁨과 헤어져야 할 신호는 아래와 같다.

하나 사랑하는 사람들이 시간을 내달라고 요청하면 하던 일을 멈추는 경우가 잦다.

둘 해야 할 일이 너무 많은데 충분히 처리하지 못하고 있다는 불안감을 느낀다.

셋 바쁨이 새로운 일상이 되었다.

넷 스케줄에 휘둘린다고 느낀다.

다섯 적어도 하루에 한 끼는 서서 먹거나 다른 일을 처리하면서 먹는다.

여섯 몸무게가 달라지거나 피부에 문제가 생기거나 머리카락이 빠진다.

일곱 충분히 수면을 취하지 못하거나 불면증에 시달리거나 성적 욕구가 적다.

여덟 예전에 시간이 들이면서 즐겼던 일들이 이제는 성가시게 느껴진다.

아홉 두려움이나 불안감을 자주 느낀다.

열 그저 세상을 따라잡기 위해 달리고 있는 것 같은 느낌이 끊임없이 든다.

분명 이 가운데 익숙한 신호가 있을 것이다. 나 역시 대부분의 항목에 해당됐지만, 결국 응급실에 실려갈 때까지 이 신호들을 무시했었다. 당장은 바쁨의 신호를 무시한다 해도 그리 해가 될 것이 없는 것처럼 보이지만, 결국엔 당신과 당신의 건강을 위태롭게 만든다. 안타깝게도 많은 사람에게 이는 그리 보기 드문 일이 아니다.

이런 일들이 어떻게 그토록 만연하게 되었는지를 더 정확히 이해하고자, 바쁨의 비즈니스가 어떻게 진행되며 그 속도가 당신에게 어떤 영향을 미치는지를 좀 더 이야기하고 싶다. 우선 앤의 이야기를 해볼까 한다. 이 이야기는 똑똑하고 유능한 사람들이 아직도 무의식적으로 바쁨의 신호를 무시한다는 사실을 보여주는 한 가지 사례이다.

앤은 의욕적으로 일하는 여성이었고 유능한 사업가이기도 했다. 20대 중반에 첫 번째 회사를 차렸으며, 넷째 아이를 임신한 몸으로 MBA 학위를 땄다. 그 정도로 앤은 비즈니스에서 독보적인 커리어를 이뤄냈지만, 개인 생활은 날이 갈수록 비참해졌다. 비록 '모든 일을 제대로' 해내고 '부모의 기대를 한 번도 저버리지 않으며' 스스로 세운 높은 기준을 뛰어넘었지만, 그녀는 부모나 남편과의 관계가 원만치 못했으며 아이들과도 정서적으로 소원했다. 40대 초반 무렵부터는 소화불량과 극심한 불면증에 시달렸고 갑작스럽게 몸무게가 줄었다. 최고의 의사들에게 진찰을 받았으나 아무도 어떤 질병에서 나타나는 증상인지 밝히지 못했다. 그녀는 다른 사람들이 기대한다고 스스로 판단한 일을 하느라 바빴기 때문에, 몇 년 동안 이런 증상들을 그저 견뎌내면서 자신의 버거운 생활 방식이 낳은 산물로 받아들였다.

내 상담실을 찾은 첫날, 그녀는 진찰을 받았던 수많은 의사의 상세한 기록과 내게 원하는 일을 직접 작성한 계획표를 들고 왔다. 나는 그녀에게 이렇게 물었다. "해결책을 이미 찾으신 것 같군요. 그런데 왜 제 도움이 필요한 건가요?" 앤의 대답은 이러했다. "제가 어떤 걸 해야 하는지 다른 사람이 알려주면 좋을 것 같아서요." 사실 그녀는 내가 그녀 인생의 책임자가 되기를 원치 않았다. 다른 누군가에게 결정권을 준다는 것은 통제권을 포기한다는 의미였고, 그것은 그녀로서는 도무지 타협할 수 없는 불확실에 자신을 맡겨야 한다는 것을 의미했기 때문이다.

그녀가 경계를 늦추고 자신의 완벽주의적인 습관의 근본 원인을 살펴보기 시작한 것은 나를 찾아온 지 6개월이 지났을 무렵이었다. 그녀가 자라는 동안 주변에는 언제나 크게 성공한 여성들이 있었다. 그녀는 어머니와 이모들이 대성공을 거두는 모습을 지켜보았다. 그녀가 거둔 성공은 자신이 계획한 것이 아니라 다른 사람들이 그녀에게 기대한 것이었다. 그녀는 언제나 자신을 따라잡기 위해 내달리고 있는 것 같다고 표현했다. 자신이 하고 있는 일을 좋아하는지조차 확신하지 못했다. 사실 그녀는 CEO가 아니라 발레리나가 되고 싶었다. 전문가로서의 성공은 무척 익숙했지만 그럼에도 개인적인 관계를 맺고 발전시키는 일에는 자신감이 매우 부족했다. 관계를 통제하려고 애쓸수록 사랑하는 사람들은 그녀에게서 더욱 멀어졌다. 이런 상황은 그녀의 불안감을 더욱 부채질했고 그래서 그녀는 계속해서 다른 방식을 시도할 수밖에 없었다. 이런 그녀의 불안감과 분노는 각종 신체 증상으로 나타나고 있었다.

상담을 진행하면서 그녀 스스로 이런 사실을 발견하고 인정하자, 역동적인 변화가 시작되었다. 나는 그녀가 '생각하는' 자신의 생활이 아니라 그녀의 실제 생활에 맞는 운동 계획을 세웠다. 거의 강매 수준으로 일일 명상을 그녀의 건강 프로그램에 포함시켰다. 우리는 그녀가 하루에 한 끼는 사업상 대화를 나누지 않고 앉아서 천천히 먹는다는 데 합의를 보았다. 앤은 일의 경계선을 확실하게 정하고 가족과 더 많은 시간을 보내기 시작했다. 시간이 지나면서 그녀의 신체 증상이 잦아들었고 마침내 완전히 사라졌다. 느린 과정이었지만 변화는 지속적이었다.

앤은 여전히 큰 성공을 거두고 있으며 이 성공에는 자녀나 배우자와의 관계 개선도 포함된다. 그녀의 삶은 완벽하지는 않았어도 더 나아졌으며 그녀는 결국 더 나아지는 것이 최선이라는 사실을 받아들였다. 여담이지만 앤은 그냥 재미 삼아 성인 발레 수업에 참가하기로 했다. 그녀는 바쁨의 의미를 다시 정의했으며, 이제 그것은 습관이 아니라 그녀 일상에 어쩌다 벌어지는 예외가 되었다.

앤의 이야기에서 알 수 있듯이 바쁨은 거품처럼 일어나지 않는다. 바쁜 행동은 방울방울 떨어져 물결처럼 퍼진다. 그녀는 집안의 여성들을 지켜보면서 이를 배웠고, 그녀가 학습한 행동은 다시 그녀의 가족에게 영향을 미쳤다. 바쁜 행동의 에너지는 당신이 접촉하는 모든 사람에게 영향을 미치며, 파트너, 배우자, 자녀, 그리고 직장 동료 등 그들과 보내는 시간이 많을수록 그 영향은 더 커진다.

한 가지 중대한 문제는 '왜 바쁨이 자꾸만 확산되는 것일까?'란 의문이다. 바쁨은 마치 당연하다는 듯이, 그리고 사랑과 가족, 행복과 동급으로 중요하다는 듯이 삶 속으로 밀치고 떠밀며 들어온다. 그래서 바쁨은 우리가 지나치게 오랫동안 저녁을 먹으면 게으르거나 떳떳하지 못하다고 느낄 정도로 감정을 조작한다. 안타깝지만 이것이 사실이다. 바쁨이라는 악동은 우리에게 더 많은 것을 주겠다고 약속하며 우리의 시간을 교묘하게 훔친다. 그러니 어째서 바쁨이 그토록 강력하고 만연하며 용인되었는지를 이해한다면, 시간을 되찾고 한층 소중하게 여길 수 있게 된다.

당신을 바쁘게 만드는 요소를 살펴보고 왜 바쁨 속에서 안도감을 얻게 되는지 그 심리를 이해해야 한다. 그래야 그에 맞는 확실한 해결책을 찾고 생산적인 새 습관이 뿌리를 내릴 공간을 마련할 수 있을 테니 말이다. 그 모든 바쁨에서 벗어나 자신의 참모습을 깨닫고 자신에게 맞는 새로운 속도를 정할 때가 왔다. 그리고 이 과정은 아직 어린 다음 세대에게도 영향을 미칠 것이다.

바쁨은 테크놀로지를 이용한다

시간은 피라미드 사기와 같다. 대부분 투자한 만큼 수익을 거두지 못한다고 느낀다. 특히 테크놀로지가 시간이라는 환상에 지대한 영향을 미쳤다. 우리는 대부분 시간과 공간에서 자유로워질 것이라 여기면서 수많은 장치를 습관적으로 사용한다. 하지만 실상 이런 장치들은 끊임없이 주의를 산만하게 만든다. 키보드만 몇 번 두드리면 페이스북에서 '친구들'과 교류를 할 수 있다. 메시지를 전송해서 전화처럼 시간을 잡아먹는 기계들을 피할 수 있다. 우리가 바쁘다는 사실을 세상에 알리고자, 우리는 마치 잡지 모델이라도 된 듯이 우리의 일상적인 순간들을 포토샵으로 처리하고 온갖 해시태그를 걸어서 인스타그램에 올린다.

이제 우리는 대부분 랩톱, 태블릿, 스마트폰, 자동차에 내장

된 시계의 똑딱거림에 둘러싸여 있다. 시간을 상기시키는 물건이 어디에든 끊임없이 존재한다. 테크놀로지와 시간을 절약하는 그 매력적인 장치는 우리를 시간의 마법사로 바꿔놓고, 마치 윌리 웡카(Willy Wonka, 영국 소설 『찰리와 초콜릿 공장』의 등장인물-옮긴이)의 컨베이어 벨트처럼 수많은 임무, 약속, 볼일, 회의, 잡일을 쏟아낸다. 24시간 음식을 주문하고 쏜살같이 집으로 배달시킬 수 있는 것은 이 기술 혁신 제품들 덕분이다. 일요일 새벽 2시에 파자마 바람으로 아이스크림을 통째로 먹으면서 인터넷을 통해 데이트를 할 수 있다. 놀랍게도 심지어 뒤뜰의 긴 의자에 앉아서 이혼 서류를 제출하고, 세금을 내고, 남아메리카 모처의 동굴에 사는 친척을 찾을 수 있다. 언제든지 원할 때마다 하고 싶은 일을 거의 다 할 수 있다. 그리고 바로 여기에 문제가 존재한다. 무수한 기대를 뿌리치지 못하고 스스로 무제한의 요구를 부가하는 바쁨은 경계가 없다.

바쁨은 테크놀로지를 사용하고, 이는 테크놀로지에 중독되어 이끌리는 수준을 훌쩍 뛰어넘는다. 시간에 쫓기고 시간이 모자란다는 느낌이 우리의 성과 제일주의 문화에 뿌리를 내렸다. 경제가 발전하고 소득이 증가함에 따라 우리는 시간의 재정적인 가치에 집착한다. 시간의 가치가 더 커졌다. 마치 원하는 방식으로 시간을 보내려면 허락을 구해야 한다는 듯이, 시간 사용 문제를 놓고 스스로와 협상한다. 시간이 적을수록 원하는 것이 더 많아지고 그래서 시간에 쫓기다가 결국 자신의 속도를 미처 따라가지 못한다.

우리는 시간을 소모하고 있다는 인식을 연료로 삼아 무서운 속도로 전진한다. 바쁨이 중요성과 가치를 의미한다는 마인드가 문화적으로 수용됨에 따라, 우리는 일일 업무 계획을 초과 달성하려고 한다. 주의가 산만한 상태에서 일하기 때문에 다운로드나 업데이트를 하지 않으면, 앞으로 할 일과 이미 한 일을 기억하지 못한다. 생각할 겨를이 없다 보니 바쁨은 어느새 자동차 뒷좌석의 오만한 잔소리꾼처럼 우리 생활에 자리를 잡는다. 이론적으로는 운전석에 앉은 사람은 당신이지만, 바쁨은 그곳에 존재하며 이래라저래라 끊임없이 지시를 내리고 있는 것이다.

속도의 대가는 무엇일까

지금까지 우리는 시간에 쫓겨 끊임없이 전진하는 속도를 유지해왔다. 그런데 여기서 근본적인 질문을 던지고 싶다. 도대체 뭘 얻기 위해서 이렇게 바쁘게 사는 걸까? 건강? 관계? 경력? 이제 바쁨과 헤어져야 할 시간이 왔다는 신호를 판단했으니, 이 인식을 발전시켜 바쁨에 동기를 부여하는 것이 무엇인지를 알아볼 차례다. 이를 위해서 스스로에게 세 가지 질문을 던져볼 수 있다.

하나 나를 끊임없이 바쁘게 만드는 동기는 무엇인가?

둘 바쁜 속도가 제공하는 가치는 무엇일까?

셋 내가 원하는 것은 무엇이며 그것을 얻으려면 무엇이 필요할까?

몇 분 동안 각 질문을 주의 깊게 생각해보자. 이는 당신의 동기를 명확하게 파악해 바쁨과 헤어지게 만들 수 있는 중대한 단계이다. 답을 찾기가 녹록하지 않을 수 있다. 어쩌면 당신에게 동기를 부여하는 것이 무엇인지 생각해본 적이 없을지도 모른다. 하지만 바쁨이란 하나의 선택이자 행동이다. 바쁜 일상을 통해 스스로 중요하고 소중한 존재라고 느끼는 것도 마찬가지다. 이럴 때 이 질문들을 탐구하는 것만으로도 인식의 범위를 넓힐 수 있으며, 이런 인식 전환을 통해 자신의 맹점을 깨닫고 장점을 발판삼아 발전할 수 있다.

앞서 언급했듯이 우리의 행동은 물결처럼 퍼진다. 부모는 아이들에게 바쁘게 움직이는 방법을 가르치고 있다. 아이들의 스케줄을 과중하게 잡고, 기준을 높게 정하며, 최신 테크놀로지를 제공함으로써 또래들을 이기고 경쟁하는 세계에 준비시킨다. 그리고 비록 선의일지는 모르지만 더 짧은 시간에 더 많은 일을 처리할 방법을 끊임없이 모색하고, 아이들에게 이를 본받으라고 가르친다. 결국 부모와 똑같은 인간을 만들어낸다.

바쁨이 우리의 관계 속으로 밀고 들어오면 친밀함을 위한 공간은 거의 남지 않는다. 우리는 순간에 존재할 때, 나약해질 때, 자신과 타인의 욕구를 인식할 때 감정적으로 친밀해진다. 그러니 우선순위를 바꾸어 관계가 다른 일의 뒷전으로 밀리면, 가족이나 연인과의 관계는 단절되고 만다. 피곤하거나 스트레스를 받거나 지지를 받지 못한다고 느낀다면, 관계 속에서 성장하며 활력을 얻지 못한다. 우리의 우선순위가 가족이나 연인임을 정작 우리 스스로가 느끼지 못한다면, 과연 상대방이 우리를 지지하고 싶을까?

직장에서도 마찬가지다. 일을 줄이고 관계를 더 많이 맺는 편이 효과적인 성공 공식이라고 말하면, 언뜻 이치에 맞지 않는 것처럼 보일 것이다. 하지만 조직이 회사 내 인간관계를 중요시할 때 직원들의 건강이 증진되고 결근이 줄어들며 걱정과 불안이 완화되는 등 장기적으로 긍정적인 효과가 나타난다는 것은 이미 여러 연구에서 증명된 결과이기도 하다.

관계를 발전시키려면 시간과 노력이 필요하다. 안타깝게도 관계 발전을 기업 원칙의 중요한 요소로 생각하지 않는다면, 기회를 놓치는 것은 물론이고 개인의 건강과 행복이 희생되고 말 것이다. 이제 속도를 늦추고 그 시간의 절반을 다른 사람들과 친밀하게 보내는 데 쓴다면 어떨까? 직장에서 친밀한 관계를 맺는다고 해서 동료를 저녁 식사에 초대하라는 의미는 아니다. 그저 현재 순간에 존재하는 것으로 충분하다. 그래야 신뢰가 생기고 커뮤니케이션이 원활해지며 상대에게 온전히 집중할 수 있게 된다.

2장

바쁨도 _____

_____ 습관입니다

필요가 첫 번째이고 욕구는 두 번째이다.

일단 이 원칙을 세우면 목표와 소망을 성취하기가 더 쉬워진다.

바쁨은 습관이다.

습관에서 벗어나려면 연습이 필요하다.

습관을 겉핥기식으로 다루면 그저 일시적으로만 효과를 볼 뿐,

본질적인 변화를 이루기가 어렵다.

그러므로 바쁨의 습관에서 벗어나려면 자신을 바쁘게 만드는 동기가 무엇인지,

그리고 바쁨을 통해 얻고자 하는 것이 무엇인지 뿌리까지 파고 들어가야 한다.

그런 의미에서 이 장에서는 당신을 바쁘게 만드는 동기를 파악하고

어떤 목표에 얼마나 가치를 두고 있는지를 좀 더 자세히 살펴보고자 한다.

생각과 낡은 습관을 변화시키고 당신의 필요·욕구 관계를 발견할 때,

더 즐겁게 삶을 영위할 새로운 전략을 실천할 수 있다.

바쁨의 습관을 버리기 위해

비록 인지하고 있지는 못하지만, 우리는 자신도 모르게 전략을 세우고 이를 실행하며 살고 있다. 전략은 우리가 마주하는 삶의 여러 문제를 해결하는 도구가 되며, 부모나 1차 양육자가 초기 전략을 세우는 데에 지대한 영향을 미친다.

우리가 성장하고 변화함에 따라 우리가 자주 사용하는 전략 역시 다양해지고 업그레이드된다. 물론 개중에는 쓸모가 없거나 도움이 되지 않는데도 그저 익숙하다는 이유로 사용하는 전략도 있긴 하다. 어쨌거나 경험과 전략은 우리가 삶을 살아가는 동안 지속적으로 참고하는 대본과 같은 역할을 한다. 가치관과 도덕, 사회적 규범이 경험에 영향을 미치며 전략의 구조와 개발 과정에 참여한다. 그런 다음 전략을 실행할 때, 드디어 습관이 등장한다. 그렇게 우리는 행동에 이르게 된다.

그런 의미에서 상담실을 찾은 샬린의 이야기는 사람들이 어떻게 전략을 선택하고 행동을 수정하는 일에 능숙해지는지를 보여준다. 샬린은 어린 시절에 이사를 자주 다녔고, 그 결과 중학교 여섯 곳과 고등학교 세 곳을 전전했다. 샬린은 그때마다 친구를 사귀고 적응하는 방법을 찾아야만 했는데, 이때 그녀가 선택한 전략은 어디를 가든 지나치게 마음을 두지 않으면서 적당히 사귀고 어울리는 것이었다. 그 정도로도 인간관계를 맺는 데는 전혀 문제가 없었고, 오히려 경력을 쌓거나 목표를 이루는 데는 효과적이기까지 했다. 그렇게 그녀는 관계와 경력을 구분해서 살았다. 그러다 30대 후반이 돼서야, 샬린은 자신의 전략이 전혀 효과적이지 않음을 깨닫게 되었다. 거리를 두는 능력이 오히려 진정한 감정적 친밀감을 얻는 데 걸림돌이 되었던 것이다. 그 순간 그녀는 머리를 한 방 얻어맞은 기분이 들었다고 말했다. 어떻게 하다가 그걸 놓쳐버린 걸까? 그때까지만 해도 샬린은 그녀가 원하던 직장과 커리어를 얻기 위해 친밀감을 이용할 필요가 없었다. 하지만 이제 샬린은 깊이 있는 관계와 친밀감을 원했고, 그래서 전략을 조정해 그것을 얻을 방법을 찾기로 했다.

샬린과 마찬가지로, 우리에게는 누구나 환경에 적응할 능력과 자신을 재창조할 힘이 있다. 그 시작은 현재 자신의 모습과 원하는 자신의 모습 사이에 다리를 놓는 것이다.

습관은 자동 조종 전략이다. 스트레스를 겪거나 바쁠 때를 대비한 반응이다. 습관은 세 가지 주요 요소, 즉 신호와 행동 그리고 보상으로 구성된다. 이를 테면 지금은 밤 10시 신호이고 당신은 와인 한 잔을 따르며 행동 그런 다음 앉아서 긴장을 푼다 보상. 혹은 전화가 울리는데 그것이 가장 친한 친구의 전화라고 짐작하고 신호 전화를 받는다 행동. 당신은 그 친구가 당신을 항상 웃게 만들며 이야기를 나누면 즐겁다는 것을 안다 보상. 이렇게 신호와 행동, 보상은 자동적인 생각과 감정, 행동을 촉발하는 근본적인 메커니즘이다.

요컨대 습관은 훈련의 결과이다. 우리는 특정한 행동을 반복함으로써 몸과 마음이 의식적으로 적게 생각하고 그 행동을 시작하도록 훈련시킨다. 더 많이 훈련할수록 습관을 형성하고 유지하기가 쉬워진다. 그리고 습관의 보상을 긍정적으로 인식할수록 그와 관련된 훈련을 이용할 가능성이 더 높다. 그것이 우리가 원하거나 아니면 적어도 우리에게 익숙한 결과를 제공하기 때문이다.

나는 비행기 승무원으로 근무하던 열아홉 살에 일찌감치 이 사실을 깨달았다. 내가 받은 훈련 중에서 가장 중요한 것은 비상사태를 위한 대피 연습이었다. 훈련생들은 주로 실물 크기의 비행기 내부 시뮬레이터에서 위험한 상황으로 번질 수 있는 환경에 반복적으로 투

입되었다. 이를 테면 연기가 자욱한 비행기 객실에서 비상 탈출 장치가 작동하지 않고, 비상구가 열리지 않는데다가, 화재가 발생한 것 같은 효과가 연출되고, 비상 착륙이 일어나는 식이었다.

이 훈련을 통해 배운 한 가지 테크닉이 있는데, 나는 지금도 내 삶의 여러 다른 영역에서 이 테크닉을 사용하곤 한다. 이른바 '30초 검토'라는 테크닉이다. 훈련생들은 비행 비상사태에서 가장 중요한 시간으로 생각되는 비행의 첫 3분과 마지막 8분에 30초 검토를 하라고 배운다. 비행기 승무원 보조 의자에 앉아서 머릿속으로 이륙과 착륙 동안 일어날 수 있는 중대한 비상사태의 시나리오를 그려보는 것이다. 훈련을 통해 익히는 이 과정의 전제는 생각의 가장 앞머리에 있는 것이 혼란스럽고 위험한 상황에서 자동적으로 반응하도록 돕는다는 것이다. 나는 지금도 비행기를 탈 때마다 30초 검토를 실시하곤 한다.

매일 우리는 비슷한 테크닉을 이용해 습관을 강화하고 필요한 것과 원하는 것을 얻는다. 예컨대 명상할 때 나는 의식적인 사고를 이용해 내게 필요한 것_{정신적이고 육체적인 재충전}에 생각을 맞추는데, 이것이 내가 원하는 것_{명확성, 창의성, 침착성, 영적 관계}의 핵심이다. 나는 매일 헬스클럽에 가지만 이는 운동을 좋아해서가 아니다. 운동이 긴장을 풀고 건강을 증진시키는 또 다른 방법이기 때문이다. 내가 자주 실천하는 이 두 가지 습관은 모두 긍정적인 보상을 제공하며, 건강한 생활 방식을 유지한다는 내 개인적인 목적에 도움이 된다. 나는 보상에서 동기를 부여받으며 이 습관의 결과에서 얻는 높은 가치는 원하는 것을 얻기 위한 장기 전략으로써 나를 뒷받침한다.

　　습관은 친숙하다. 그래서 우리는 습관을 이용하는 방법을 의식적으로 생각하지 않는다. 그렇기 때문에 운동을 시작할 때처럼 새로운 습관을 길러야 할 때면 더 어렵고 힘이 든다고 느낀다. 더 많이 생각해야 하고 연습해야 하기 때문이다.

　　때로 기존의 습관에 너무 익숙한 경우, 흔히 그 습관의 부정적인 요소를 깨닫지 못하는 경우도 있다. 그래서 나쁜 습관은 좋은 습관을 실천하고 싶다는 소망에 걸림돌이 된다. 그러므로 당신은 의지할 수 있는 생산적인 습관을 새롭게 길러야 한다. 어떤 전략이 당신에게 효과적이며 당신의 필요·욕구와 어울리는지 더 명확하게 파악해야만 한다. 그래야 낡은 바쁜 습관으로 되돌아가지 않고 새로운 습관을 자동적으로 선택할 확률이 높아진다.

바쁨 때문에 멀어지는 것들

어떤 전략은 단기 목표를 이루는 데 효과적이다. 이를 테면 휴가를 가거나 새 자동차를 사거나 아니면 신용 카드 대금을 청산하는 등 가까운 미래에 성취하고 싶은 일들 말이다. 하지만 바쁜 습관을 물리치는 것은 생활 방식을 바꾸는 일이다. 그러므로 보다 지속 가능한 전략을 세우고 장기적으로 접근해야 한다.

바쁨과의 관계를 바꾸려면, 필요 · 욕구 관계뿐만 아니라 목표와의 관계 역시 판단해야 한다. 이 인과 관계 공식은 균형이 맞을 때 지속 가능한 결과를 얻을 수 있다는 것이다. 예컨대 1주일 만에 2kg을 감량하기로 결심하면 대부분은 목표를 성취할 수 있다. 전혀 문제 없다. 방법을 알려줄 사람도 많다. 하지만 그 방법이 장기적으로 지속 가능할지는 의문이다.

살을 빼고 싶어서 몇 번씩 시도했으나 결국 성공하지 못하고 나를 찾아오는 사람들이 꽤 많이 있다. 이런 경우 나는 상담자가 '왜 지금' 다이어트를 하려고 하는지 그 동기를 찾을 수 있도록 돕는다. 만일 상담자의 동기가 외모를 개선하고 싶거나 군살이 지긋지긋하다는 것이라면, 이는 지속 가능한 결과를 얻을 만큼 목표에 깊이 파고들지 못했다는 신호이다. 그녀가 내세운 이유들은 자신이 진정으로 원하는 것을 수박 겉핥기식으로만 살펴본 결과에 지나지 않는다.

이유가 광범위할수록 '왜 지금'의 뿌리를 발견할 가능성이 낮아진다. 상담자가 자존감을 높이고 더 훌륭한 외모를 가져야 마땅하다고 스스로 믿지 않으면, 살빼기는 일시적인 것으로 끝난다. 필요한 것의 가치를 분명히 알고, 그것이 어떻게 원하는 것을 뒷받침할 수 있는지를 깨닫지 못한다면, 진정한 성공을 거둘 수 없다. 이 두 가지를 확실히 파악해야만 '왜 지금'이 명확해지고, 목표를 위해 노력할 때 드는 힘이 줄어드는 한편, 만족감은 더욱 커질 수 있다.

이제 다음으로 넘어가기 전에 당신의 필요·욕구 관계를 살펴보자. 그러면 무엇보다 자신의 '필요'를 가장 먼저 고려하는 습관을 기를 수 있다. 예를 들어 생각해보자. 만일 직장을 바꾸고 싶다는 사실을 깨달았다면 당신은 어떻게 해야 할까? 새로 이력서를 작성하고, 비즈니스 동료들과 친목을 다지고, 새로운 면접용 복장을 갖추고, 스케줄을 조정해서 새로운 직장을 물색할 시간을 확보할 것이다. 당신이 새로운 직장을 원한다는 사실을 깨달았을 때 해야 할 일의 전략을 수립해야만, 그저 소망이 아니라 현실로 만들기 위한 계기가 마련될 것이다. 흔히 우리는 원하는 것만 생각하고 필요한 것을 고려치 않는 실수를 저지르곤 한다. 그래서 나는 당신이 '필요한 것'을 자세히 살피고 전략을 훌륭하게 세워서 '원하는 결과'를 얻을 수 있기를 바란다. 그런 의미에서 당신이 바쁨과 헤어지기를 원한다면, 그러니까 바쁨과 헤어진다는 결과를 원한다면, 당신에게 필요한 것이 무엇인지부터 살펴봐야 한다. 아래 네 가지 질문은 당신이 필요한 것과 원하는 것이 무엇인지 확인할 수 있는 질문들이다.

하나 내가 진정으로 원하는 것은 무엇일까?

둘 내가 원하는 것을 얻으면 내게 어떤 변화가 일어날까?

셋 내가 진심으로 원하는 것을 향해 움직이려면, 내게 무엇이 필요할가?

넷 왜 지금일까?

특히 세 번째와 네 번째 질문은 최대한 긍정적으로 답하는 게 중요하다. 만일 이 과정이 어렵게 느껴진다면, 다음 문장을 완성한다고 생각해도 좋다.

...

     나는 ＿＿＿＿＿＿＿＿을 얻기 위해 ＿＿＿＿＿＿＿＿이

필요하다. 왜 지금이냐면, ＿＿＿＿＿＿＿＿이

내 필요를 충족시키고 ＿＿＿＿＿＿＿＿이

내가 원하는 것이기 때문이다.

    처음 상담실을 찾은 사람들에게 이 질문을 던졌을 때 나는 정말 깜짝 놀랐다. 상담자들이 대개 원하는 것만 늘어놓으며 필요한 것에 대해서는 한마디도 하지 않았기 때문이다. 필요한 것을 인식했을 때조차 물건의 목록을 나열하거나 아니면 자신보다 다른 사람들이 먼저 해야 할 일을 늘어놓는 식이었다. 이런 시나리오에 주의해야 한다. 자신의 특성과 장점, 가치, 신념을 토대로 정말 필요한 것을 찾아야 한다. 이를 바탕으로 더 큰 그림을 그리기 위해 노력해야만, 습관을 바꾸기 위해 행동할 수 있는 동기를 얻을 수 있다.

생각하는 방식을 바꾸는 일

어떤 사람들은 보람찬 목표를 성취하기 위해 행동하고, 어떤 사람들은 불편함을 피하기 위해 행동한다. 대부분 전자의 경우에는 동기를 부여받고 후자의 경우에는 일시적인 편안함을 얻는다. 그러므로 우리가 바쁨에서 벗어나기 위한 습관을 제대로 자리 잡게 만들려면, 명확한 동기를 토대로 행동해야 한다. 이때 두뇌가 작용하는 방식을 이해하면 도움을 받을 수 있다. 두뇌는 언제나 이용할 수 있는 데다가, 섬세하면서도 포괄적이며 무한한 변화를 창조할 수 있는 도구이다. 이는 강력하고 역동적이며 끊임없이 진화 가능하다는 장점도 가지고 있다.

우리 개개인은 각자의 독특한 프로그램에 따라 움직인다. 찰나의 순간에 과거의 경험을 끌어들여 의미를 부여하고, 말과 행동으

로 이를 표현한다. 이 과정을 많이 반복할수록 경험과 관련된 전략_{행동}

과 _{생각}을 실행하기가 쉬워진다. 바로 이 지점에서 훈련과 습관이 만난

다. 무언가에 대해 생각하는 방식을 바꾸기만 해도 두뇌의 반응을 재

설계할 수 있다. 우리가 스트레스를 겪거나 바쁠 때 우리의 두뇌는 명

료하게 생각하지 못하며, 바로 이때 습관에 의지할 가능성이 가장 높

아진다. 습관 _{훈련}으로 생명을 구할 수 있는, 구급대원과 같은 일을 하

는 사람들에게 이 사실은 매우 중요하다. 그러나 그 순간에는 쓸모가

있어 보일지언정 더 큰 그림에는 도움이 되지 않을 습관을 택하고 있

다면, 이제 그런 습관을 버리고 필요한 것과 원하는 것을 얻기에 가장

효과적인 습관을 새롭게 길러야 한다.

우리가 떠올리는 모든 생각은 개인적인 현실을 구성하는 요

소이다. 생각은 행동을 지시한다. 예컨대 옛 애인을 너무 오랫동안 생

각한다면 그 사람을 잊거나 아니면 새로운 사람이 당신의 삶에 들어

올 수 있는 정신적이고 영적인 공간을 만들지 못할 것이다. 해결책보

다는 문제에 초점을 맞추는 사람도 마찬가지이다. 해결책은 발전할

공간을 얻지 못하고 문제는 계속해서 남을 것이다. 인생 전략과 자신

의 독특한 세계를 관리하는 방식, 그리고 정신적, 육체적, 영적 과정의

확장을 위한 무한한 가능성을 창조하는 것은 바로 생각이다.

몸과 마찬가지로 두뇌도 재충전이 필요하다. 두뇌에게 휴식할 시간도 주지 않은 채 과도하게 일을 시키면, 전반적인 건강 상태가 직접적으로 영향을 받는다. 반면에 사고를 다시 프로그램하면 인식을 일깨워 상황과 도전을 새롭게 바라볼 수 있다. 그것이 대뇌의 리부팅이다. 휴식을 취하고 생각 두뇌을 재충전할 때 우리는 시간을 보낼 방법을 의식적으로 선택하기 위한 새로운 전략을 개발할 수 있다.

나의 인생 전략 검토서

이제 우리는 전략이 습관을 형성하고 영향을 미친다는 사실을 이해하게 됐다. 게다가 필요·욕구의 관계를 정확히 파악하는 방법도 터득했으니 바쁜 습관을 고치고 스케줄이 과중한 일상으로부터 벗어나기 위한 길로 접어든 셈이다. 바로 이 시점에 내가 상담실을 찾은 사람들에게 제안하는 미션이 하나 있는데, 바로 '인생 전략 검토서'를 써보는 일이다.

인생 전략 검토서를 이용하면 지금껏 무심코 사용해온 삶의 전략들이 효과가 있었는지 아닌지를 확인할 수 있다. 우선순위들을 개별적으로 평가하고 조정하면서 쓸모없는 전략이 무엇인지를 파악할 수 있고, 이를 토대로 바쁜 습관을 고치기 위한 독특한 해결책을 설계할 수 있게 된다.

이 검토서는 사고의 재부팅이라 말할 수 있다. 사고를 재부팅하면 더욱 활기차고 낙관적인 자세로 당신의 발목을 잡는 바쁜 습관을 변화시킬 수 있을 것이다. 인생 전략 검토서의 미션을 진지하게 생각하는 것만으로 당신의 인식은 충분히 바뀔 수 있다.

인생 전략 검토서의 첫 번째 과정은 당신이 살면서 선택해왔던 여러 전략 중 가장 생산적이고 효과적이었던 전략이 무엇인지 찾아보는 일이다. 곧바로 떠오르는 전략이 있다면 그 이유와 장점이 무엇인지를 좀 더 구체적으로 정리해서 노트에 써보자. 다만 당장 떠오르는 게 없고 너무 막연하게 느껴진다면, 아래 문장의 빈 공간을 채운다는 생각으로 사고의 방향을 넓히면 된다.

• • •

나는 .... 전략을 이용한다.

이 전략은 내 .... 특성을 활용한다.

이 전략을 이용하는 동안과 이후에 내 기분이

.... 하므로, 이 전략이 내게

효과적이라고 생각한다.

인생 전략 검토서의 두 번째 과정은 전혀 효과가 없었던 전략 중 하나를 버리는 일이다. 효과적이지 않았던 전략들을 떠올려보고

그중에서 가장 최악의 전략이 무엇인지, 그 전략을 버렸을 때 일상이 어떻게 개선될지를 정리해서 노트에 적으면 된다. 역시나 이 과정이 너무 막연하게 느껴진다면, 아래 문장의 빈 공간을 채워보도록 하자.

…

내가 ⎯⎯⎯⎯⎯⎯ 할 때 이 전략은

효과적이지 않았다.

이 전략을 버리게 되면, 내 ⎯⎯⎯⎯⎯⎯ 습관

역시 버릴 수 있다.

그러면 ⎯⎯⎯⎯⎯⎯ 할 시간이 더 생길 것이라고

생각한다.

또 내가 ⎯⎯⎯⎯⎯⎯ 을 느낌/경험할 기회가

더 많아질 것이다.

잠시 일상생활에서 이용하는 전략들을 돌아보라. 어떤 전략을 통해 개인적인 즐거움과 성취감, 환희를 느끼고 있을까? 어떤 전략을 통해 다른 사람에게 의존하지 않고 해야 할 일들을 처리할까? 어떤 전략을 통해 일상생활이 향상될까? 어떤 전략 때문에 일상생활에서 시간이 부족해지는 걸까?

어떤 전략과 습관이 효과적인지를 파악하고 당신의 필요·욕구 관계를 이해했으니 이제 바쁨을 물리칠 필수적인 도구를 얻은 셈이다. 이제 당신은 중요한 것과 바쁨이 무관하다는 사실을 안다. 정신적인 공간을 비워 바쁜 문화에서 벗어나는 길을 찾는 방법을 안다. 이제 바쁨의 함정에서 빠져나올 최고의 해결책을 발견할 때가 왔다.

3장

쓸데없이 바쁘게 만드는 _____

_____ 세상의 함정들

어떤 결과에 무심코 감정적으로 집착하고

그런 감정에 사로잡혀 결정할 때 우리는 함정에 빠진다.

이 장에서는 바쁨의 껍질을 좀 더 벗길 것이다.

우리는 세상의 기대에 따라 전형적으로 네 가지 함정에 빠지기 쉽다.

'모든 것이 될 수 있다는 함정', '따라잡기의 함정', '거절을 힘들어하는 함정',

'반사적으로 베푸는 함정'이 그것이다. 바쁨이 당연시 되는

문화, 각종 의무와 사람들의 기대, 익숙함에 안주하려는 성향 등의 이유로,

우리는 이런 바쁨의 함정에 빠져 살고 있다.

바쁨의 함정에서 빠져나오기 위해서는 무엇보다도 솔직한 자기 탐구가

필요하다. 그래서 이 장에서는 당신의 발목을 잡고 있는

바쁨의 함정을 하나씩 살펴보고, 여기서 벗어나기 위해 도움이 될 만한

자기 탐구의 질문들을 던지고자 한다. 이 질문들을 하나씩 살펴보고

진지하게 고민할 때, 당신은 함정에서 빠져나올 실마리를 찾고

더 나아가 극적인 관점의 변화를 이루게 될 것이다.

바쁨의 함정이란 무엇일까

바쁨은 밑이 보이지 않는 수렁과 같다. 수렁에 들어가 빠지기 시작해야 비로소 그것의 존재를 깨닫는다. 바쁨의 함정에 빠진 사람들은 흔히 돌파구가 없다고 느끼며 좌절하고 난감해하지만, 이런 감정을 일으키는 일을 계속 반복하고 만다. 그들은 자신이 느끼는 것을 '더 나빠질 수도 있다'며 축소하거나, '사실 불평할 게 없다'고 죄책감을 느끼거나, 혹은 '이런 일이 나한테만 일어난다'며 감정을 과장한다. 우리가 함정에 빠지는 이유는 더 많은 일을 더 잘 해야 한다는 것을 기정사실로 받아들이기 때문이다.

특히 삶에서 마주하는 '해야 한다'들이 함정을 강화시킨다. 우리는 '이런 사람이 되어야 한다, 이 일을 해야 한다, 저러해야 한다'라는 문장에서 벗어나지 못한다. 자기 판단은 돌파구가 없다는 느낌으로 이어지고, 혁신과 창의적인 문제 해결을 가로막는다. 초점을 잃어버리고 새로운 해결책을 찾기가 어려워지며 아이디어가 정체된다. 너무나 오랫동안 돌파구를 찾지 못할 때 우리는 암담한 불안감을 안고 하루하루를 보내다가 아무것도 변하지 않을 것이라는 생각을 키우게 된다. 결국 그런 믿음을 토대로 선택하기 시작하고, 그러다가 돌파구가 없다는 느낌에 더욱 사로잡힌다. 익숙한 습관, 의무, 판단, 회유, 그리고 돌파구가 없다는 느낌이 마치 풀밭에 가려진 모래수렁처럼 자리 잡고 있는 것이다. 내가 상담하면서 만난 도미니크는 이런 함정에 빠진 대표적 사례였다.

도미니크는 투 잡을 가지고 두 딸을 키우고 있었다. 그녀는 자신이 거둔 성과에 뿌듯해했으며 마케팅 매니저라는 위치에 오르기 위해 열심히 일했다. 그러다 딸들의 교육비에 보탬이 되고자 두 번째 일자리를 구했다. 그녀는 딸들이 어릴 때부터 교육의 중요성과 그 가치를 강조했고, 아이들이 기회를 얻을 수 있도록 모든 것을 참고 견디며 총력을 기울였다.

급성 불면증에 시달리기 시작했을 때는 잠자리에 들기 전에 와인 두어 잔을 마시는 방법으로 대처했다. 직장에서 근무하다가 오후에 졸음이 오면 프런트 데스크에 있는 단지에서 사탕을 집어먹었다. 스케줄이 너무 빡빡해서 운동을 조금씩 줄이다가 결국은 포기하기에 이르렀고, 딸들이 대학을 졸업할 무렵 그녀의 몸무게는 13kg이나 늘어있었다.

이윽고 딸들이 독립하자 공허감이 물밀듯이 밀려왔다. 도미니크는 서서히 모든 것에 무감각해지는 상태에 빠졌다. 그녀는 자신이 더 행복하고 고마워해야 하며 새롭게 찾은 자유에 감사해야 한다고 생각했다. 어쨌든 불평할 게 없지 않은가? 만사가 계획대로 끝났으니 말이다.

처음 우리가 만났을 때, 그녀는 스스로를 포기했다는 사실에 실망하고 두려워하고 있었다. 스트레스가 줄고 시간도 많아졌지만 그녀는 여전히 돌파구가 없다고 느꼈다. 하지만 지속적인 상담을 통해, 도미니크는 그럴 필요가 없는데도 자신이 무심코 예전과 똑같은 생활 방식을 고수하고 있음을 깨달았다. 그녀의 낡은 습관은 건강을 망치고 있었고, 어느 쪽에도 쓸모가 없었다. 홀홀 털어버리고 건강과 행복, 정서적인 자유, 독립적인 생활 방식을 신나게 즐기려면 그런 습관을 버려야 했다.

일단 이 사실을 인식하자 그녀는 거침없이 새로운 목표를 수행했다. 포기를 모르고 열심히 일했던 자신의 특성을 재발견했다. 이는 대학을 졸업하고 투 잡을 뛰면서 두 딸을 키우는 데 밑거름이 되었던 특성이었다. 새로운 인식을 통해 자신의 발목을 잡고 있던 노력의 단편을 발견했다. 그녀의 특성은 변하지 않았다. 다만 현재의 생활에 도움이 될 만큼 속도를 늦추기 않았을 뿐이었다. 그녀는 살을 빼고 새롭게 시작했으며 무엇보다 스스로에게 만족했다. 포기하지 않았다는 사실에 뿌듯함을 느꼈고, 그래야 한다고 생각하는 자신이 아니라 진정한 자신을 돌아보았다는 사실에 더욱 뿌듯해했다.

도미니크의 이야기는 목표를 성취하는 데 더 이상 도움이 되지 않을지라도 습관을 버리기가 쉽지 않다는 사실을 잘 보여준다. 습관이 행복에 부정적인 영향을 미쳤지만 도미니크는 계속 투 잡을 뛰었다. 그러다 보니 비생산적인 두 번째 습관_{밤에 와인을 마시고 낮에 사탕을 먹는} 습관이 생겼다. 이로 말미암아 과거에 효과적이었던 긍정적인 습관_{운동과 건강에 좋은 식습관}이 서서히 사라지면서 살이 쪘고, 급기야 자신에게 실망하고 말았다. 익숙한 습관이 편안함을 주었고, 그러다 보니 습관이 건강한 생활 방식을 유지하기에 효과적이지 않았음에도 편안함에서 일시적으로 만족감을 얻었다. 결국 감정적인 집착과 그것이 행동, 더 나아가 궁극적으로 결정에 영향을 미치고 있음을 깨닫고 나서야 그녀는 원하는 것을 얻기 위해 무엇을 바꿔야 하는지를 인식했다.

목표_{기분을 개선하고, 살을 빼고, 새로운 취미와 여가 시간을 찾는 것}에 맞춰 선택_{투 잡을 포기하고 운동하며 식습관을 개선하는 것}하기 시작했으며 이것이 더 절실하게 원하는 결과 의무와 개인적인 즐거움의 균형을 맞추며 매일 더 의식적으로 생활하는 것를 얻는 데 도움이 되었다. 결과는 목표의 산물이다. 따라서 목표를 제대로 세우고 신중하게 고려할 때 성공적으로 성취할 수 있다. 함정에서 빠져나오기 위한 그녀의 전략은 이런 조율이었다.

함정에서 빠져나오고 싶다면 소망하는 결과를 생각해야 한다. 이는 그 결과에 감정적으로 투자하는 것과는 무관하다. 당신은 소망하는 결과를 성취하기 위해 습관을 이용할 것이다. 이 습관에 도움이 되는 특성에 초점을 맞추고 의식적으로 습관을 활용하는 것이다. 당신의 습관이 효과적인지 아니면 그저 익숙한 것 뿐인지를 살펴라.

이제 나는 가장 일반적으로 나타나는 바쁨의 함정 네 가지를 소개하고자 한다. 각 함정을 살펴볼 때 계속 주의를 기울이며 마음속에 동요를 일으키는 것이 무엇인지 느껴보라. 자신의 반응을 판단하거나, 논거를 찾거나, 자신의 입장을 옹호하지 않도록 노력하라. 대신 각 함정에서 제시하는 질문이나 실천 방법에 집중해보자. 결국 그것이 새로운 습관으로 자리 잡을 수 있도록 말이다.

모든 것이 될 수 있다는 함정

칭찬은 우리가 사랑받고 인정받는 존재임을 확인시킨다. 많으면 많을수록 좋다. 누구나 칭찬을 원하며, 이를 통해 자신에게 유리한 비교의 잣대를 설정한다. 하지만 우리가 이 칭찬에 목을 매고 칭찬을 갈구하며 끌려다니게 될 때, 우리는 모든 것이 될 수 있다는 함정에 빠지고 만다.

이 함정의 핵심은 자신이 가치가 있고 인정받는 존재임을 증명하기 위해, 반복적인 보장과 확인, 인정이 필요하다는 사실이다. 모든 사람에게 가장 중요한 존재가 되기 위해 스스로 엄청난 부담감을 떠안는다. 자존감의 잣대가 완벽함과 헌신에 맞춰져 있으며, 이는 자신이 부족한 존재라는 느낌을 막아주는 갑옷을 제공한다. 일을 처리하기 위해 자신의 행복을 쉽게 희생하며, 진정으로 필요한 것과 원하는 것을 발견하는 데 초점을 맞추지 못한다.

이 함정에서 빠져나오려면 속도를 늦추고 다른 사람의 인정에 연연해하지 않는 태도가 필요하다. 동시에 자신의 필요와 욕구를 살펴야 한다. 자신의 삶에서 무엇이 빠져있는지 자문해보는 것이다. 애써 바쁨으로 채우려고 하는 게 무엇일까?

가장 중요한 것은 이미 세운 비현실적인 기준을 포기하거나 감정적인 독립을 되찾기 위한 합리적인 경계선을 정하는 일이다. 자신을 일깨우려면 연습이 필요하며, 그 연습의 핵심은 '모든 것이 되는 것'에서 '자신이 되는 것'으로 초점을 바꾸는 것이다. 이 함정에서 탈출하려면 당신이 하는 일이 아니라 오로지 당신 그 자체로 충분히 훌륭하다는 사실을 깨달아야 한다.

아울러 소셜 미디어에 대해 과도하게 의지하거나 연연해하는 태도를 버려야 한다. 그렇지 않으면 소셜 미디어가 사소한 일상까지 지배할 것이다. 누가 어디서 무엇을 하는지 보여주는 업데이트의 행렬은 당신이 가지지 못한 것을 잔인하게 일깨우며 경쟁 게임을 영속화시킨다. 일하고 돌보는 사람이 아니라 그냥 한 사람으로서 자신이 누구인지 발견하려면 반드시 이런 종류의 방해 요소들을 제한해야 한다. 자신의 진정한 자아와 무관한 역할이 있다면, 그 역할에 적응하기란 여간 어렵지 않다. 모든 것이 되어야 한다는 생각에서 비롯된 완벽주의를 포기하려면 스스로에게 자비를 베풀 필요가 있다. 이를 위해 우선 당신에게 몇 가지 질문을 던지고 싶다.

하나 다른 사람들이 완벽하지 않다는 사실을 받아들이는가?

둘 누군가 어려움에 처했을 때 손을 내미는가?

셋 다른 사람들의 최선이 당신의 최선이 아닐 때, 그들이 잘 못했다고 판단하는가?

넷 다른 사람들이 감정적으로 고통 받을 때 그들에게 안타까움을 느낄 수 있는가?

다섯 다른 사람들이 실패할 때 그들에게 아량을 베푸는가?

이제 앞의 질문을 당신 자신의 질문으로 바꿔서 다시 물어보고자 한다. 아래 질문에 대한 답을 생각해보자.

하나 자신의 완벽하지 못함을 받아들이는가? 만일 그렇지 않다면 앞으로 받아들일 수 있겠는가?

둘 어려움에 처했을 때 다른 사람들의 도움을 기꺼이 받는가? 만일 그렇지 않다면 앞으로 받을 수 있는가?

셋 자신의 성취를 다른 사람과 비교하는가? 만일 그렇다면 당장 그만두거나 적어도 스스로 깨우치겠다고 선택할 수 있는가?

넷 감정적인 고통 역시 삶의 한 요소라는 사실을 수용하겠는가? 지금껏 당신이 고통과 난관을 겪었고 주변 사람들도 대부분 마찬가지이며 전부는 아닐지라도 대부분이 그것을 극복하고 한층 더 발전했다는 사실을 인정할 것인가?

다섯 실패가 노력의 일부임을 받아들이고, 실패해도 괜찮다고 생각하는가? 만일 그렇지 않다면 실패를 통해 자신에 대해 더 많이 알 수 있으며, 시도하지 않는 게 진짜 실패라는 사실을 받아들일 수 있는가?

눈치챘겠지만, 제삼자를 평가하는 눈으로 자신을 들여다보면 완벽주의에 더 이상 목을 맬 이유가 없어진다. 그러니 더 이상 필요하지 않을 때까지 위 질문들을 매일 적어도 한 번씩 스스로에게 던져보자. 적어도 닷새 이상은 반복하면서, 이 질문에 당신이 답한 대로 실천해보길 바란다. 이 새로운 마음가짐을 통해 진정한 자아를 깨닫고 자신감을 얻어라. 그러면 더 짧은 시간에 긍정적인 변화를 이룰 수 있으며, 타인의 기대가 아닌 자신에게 필요한 것을 우선순위로 하는 결정을 더 자주 내릴 수 있을 것이다.

자비를 실천하는 일은 내면에서 시작된다. 만약 당신 스스로가 부족하다거나 완벽하다는 감정을 초래하는 어떤 상황이나 대화가 시작되면, 반응을 멈추고 아래의 문장 가운데 한 가지나 전부를 이용해 의식적으로 포커스를 전환시키는 것도 도움이 된다. 중요한 존재가 아니어도 충분하다는 사실을 깨닫는 것이 핵심이다.

하나 나는 불완전한 내 모습들을 받아들일 것이다. 그것들은 내 일부이다.

둘 나는 다른 사람들의 도움을 기꺼이 받을 것이다. 그 과정은 내게 받는 즐거움을 경험할 기회를 줄 것이다.

셋 나는 내 성과 중심의 마음가짐에게 휴가를 줄 것이다. 일하는 대신 호기심을 가질 것이다.

넷 오늘 어떤 감정이 나타나든 간에 물러나서 그 감정을 지켜볼 것이다. 오늘 나는 해결사가 아니라 관찰자이다.

다섯 오늘 실패를 하게 되면, 그것을 기회로 받아들이겠다고 선택할 것이다. 밝은 희망을 찾고 내게 주는 선물이라고 생각할 것이다. 나는 내 모든 것을 있는 그대로 받아들인다.

따라잡기의 함정

　　한 개인이 가치관이나 태도, 행동 등을 결정할 때 기준으로 삼는 집단을 '준거 집단'이라 부른다. 우리는 준거 집단에 소속되기를 원하며, 능력을 키우거나 명성을 얻으면 준거 집단으로부터 인정받을 거라 믿는다. 실상 많은 사람들이 준거 집단에 받아들여지냐를 두고 성공과 자존감의 척도로 삼기도 한다.

　　문제는 우리가 집단에 속하고 싶은 소망에 사로잡혀, 준거 집단의 사람들과 재정적, 개인적, 사회적, 전문적 비교를 하기 시작한다는 사실이다. 이 함정은 우리가 집단의 일원이 될 정도로 중요하고 필요한 존재임을 확인할 수 있는 무자비한 척도이다. 더 많은 것이 더 좋다. 더 좋은 것이 더 많다. 더 많고, 더 좋고, 더 밝고, 더 크고, 더 빛나야 한다는 생각을 멈출 수가 없다. 이런 강박관념은 모래성과 같다. 한마디로 쉽게 허물어진다. 아무리 다른 사람의 삶이 근사해 보여도, 우리는 드리워진 커튼 뒤에서 무슨 일이 일어나고 있는지를 결코 알 수 없기 때문이다. 게다가 다른 사람의 삶이라는 현실은 당신이 받은 인상과는 판이하게 다를 수 있다.

하지만 우리는 그 속을 들여다볼 생각을 하지 못한 채 따라잡기에 급급하다. 무수한 마케팅 경로를 통해 모든 것을 가질 수 있다는 약속이 우리 앞에 어른거린다. 인터넷이 등장함으로써 가진 자와 가지지 못한 자의 격차가 더욱 커졌다. 온라인 쇼핑이 폭발적으로 증가했고 그와 더불어 본래 가격보다 훨씬 저렴하게 상류층의 장식품을 구매하는 습관이 등장했다. 잠시 동안은 '편입된다'는 환상이 우리를 보호해줄지 모르나, 궁극적으로는 따라잡기 위해 돌진할 때 밀려오는 불안을 잠재우지는 못한다. 소비는 그저 소비하는 것으로 끝날 뿐이며 우리를 만족시키는 것과 우리가 느끼는 것 사이에 놓인 심연은 갈수록 넓어진다.

따라잡기의 함정에서 벗어나려면 당신이 이미 충분하다는 사실을 깨닫고, 따라잡는 게 아니라 벗겨내는 데에 집중해야 한다. 소비라는 장식품에 의지하지 않고 겉치레를 해체해야 한다. '성공'이라는 외적인 장식품을 가진 사람들을 다시 한번 들여다보라. 그것이 정말 진정한 자아가 되기 위해, 당신이 원하거나 필요한 것일까? 구매하고 축적하며 비교 게임에 가담하도록 동기를 부여하는 것이 무엇인지 깊이 파고들 필요가 있다. 재확인이나 지지가 필요하다면 당신을 소중하게 생각하는 주변 사람들에게 도움을 구해도 좋다. 그들이야말로 존경하고 주의를 기울이며 고려할 만한 가치가 있는 사람들이니 말이다. 이들은 따라잡으라고 요구하지 않을 것이다. 오히려 당신이 있는 그대로의 모습을 보이기를 바랄 것이다.

더 이상 누군가와 비교하지 않는 삶을 위해, 몇 가지 생각해볼 만한 질문을 던지고자 한다. 우선 당신 주변에서 진정 존경할 만한 사람을 떠올려보자. 그 사람들의 이름을 적고, 그들의 어떤 면을 존경하는지 생각해본다. 특히나 당신을 강하게 사로잡는 특성이 있다면, 이를 좀 더 구체적으로 적어보자. 그 다음엔 다음 질문에 답할 차례다. 당신이 존경하는 그 부분이 어째서 당신에게 중요한 걸까?

어쩌면 당신은 그들의 생활 방식을 존경할 수도 있다. 어쩌면 신체적 특성일 수도 있고, 지성, 재산, 명성 등 존경할 만한 요소는 매우 다양하다. 하지만 그들의 그 부분이 왜 당신에게 중요한지를 생각해보는 것은 당신의 가치관을 점검하고 인식의 전환을 가져올 수 있는 계기가 될 수 있다. 만약 왜 그 특성이 당신에게 중요한지를 떠올리기 어렵다면, 그들이 그 특성을 통해 무엇을 얻고 있는지를 살펴보면 도움이 된다. 예를 들어 '수지의 가장 존경스러운 점은 똑똑하고 용감하다는 것이다. 그녀는 이 특성을 반복적으로 이용해 전문가로서 성공했다' 또는 '사라는 창의적이고 유머러스해서 존경스럽다. 사람들은 사라와 어울리고 싶어하고 친한 친구들이 언제나 그녀 주변에 가득하다'라고 정리해보는 것이다. 이를 통해 당신은 당신이 중요하다고 생각하는 것과 목표로 삼는 것이 무엇인지 좀 더 분명히 알 수 있게 된다.

이제 존경할 만한 당신의 특성을 생각해보자. 만약 '나는 좋은 엄마이다'라는 말처럼 신분을 이용한다면 겉핥기로 끝날 것이다. 대신 온화함, 솔직함, 믿음직함처럼, 당신이 무엇 때문에 좋은 엄마인지 구체적인 특성을 떠올려라. 예를 들어 '나는 자신감이 있고 정이 많다. 나는 직관이 뛰어나며 현실적이다'와 같은 식으로 정리해야 한다. 그런 다음 이 특성들이 왜 중요한지, 그를 통해 무엇을 얻었는지를 구체적으로 떠올려본다. 그 특성을 활용해서 좋은 결과를 얻었던 경험담을 적어도 좋다.

그렇게 스스로에 대해 정리가 됐다면, 이제 당신이 존경하는 사람에 대한 답변과 당신 스스로에 대한 답변을 나란히 놓고 비교를 해보자. 당신의 특성이 존경하는 사람들의 특성과 동일하거나 유사한가? 만일 동일하다면 그래서 기운이 나는가 아니면 기운이 빠지는가? 만일 다르다면 존경하는 사람의 특성과 더 비슷해지고 싶은가?

어쩌면 당신은 존경하는 사람에게 깊은 인상을 남기기 위해 노력하고 있을지 모른다. 그들에게 깊은 인상을 남기면 당신의 삶이 더 만족스러울까? 당신이 비교 게임을 하는 한 당신의 삶은 언제나 부족한 느낌이 들 수밖에 없다. 그러니 앞의 질문들을 통해 당신의 진정한 모습을 깨닫고, 당신 스스로의 존경스러운 특성을 간결한 문장으로 묘사해보도록 하자. 세상에 뒤처진다는 느낌을 받을 때마다 그 문장을 되새기면, 답답하고 급해지는 마음을 한층 안정시킬 수 있을 것이다.

거절을 힘들어하는 함정

어떤 사람들은 다른 사람을 즐겁게 하거나 만족시켰을 때 얻는 '인정'이라는 보상을 추구하며 산다. 남들이 칭찬할수록 더 큰 보상을 받는 것처럼 느껴진다. 예측 가능한 이 결과는 안도감과 만족감을 주고, 앞으로도 계속 이렇게 하면 된다고 믿게 만든다. 모든 사람의 요구와 요청을 만족시킬수록 더 사랑받고 인정받는다고 느끼는 것이다.

고분고분하게 행동하면 사랑받지 못할 거라는 두려움이 줄어든다. 이런 상태는 대부분 아주 어린 시절에 형성된다. 부모가 아이들의 결정을 사사건건 지배하거나 통제하면 시간이 흐를수록 아이들의 자신감과 독립적인 사고 능력이 줄어들기 때문이다. 사랑은 복종의 한 가지 조건이 된다. 사람들을 즐겁게 해주려는 마음 때문에 하고 싶지 않은 일에도 '예'라고 말하는 것이다. 우리 문화는 흔히 여성에게 양육자와 순종자의 역할을 맡기며 '아니오'보다는 '예'라고 말하는 것이 사회적 규범인 것처럼 가르쳤다. 이 공식은 흔히 수동–공격적 행동, 죄책감, 분노, 그리고 극도의 피로를 초래한다.

　　　다른 사람들을 만족시키는 것과 실망시키는 것은 사랑하는 모든 관계의 일상적인 요소이다. 당신의 일상을 되찾으려면 언제나 '예'라고 말하는 습관을 버리고 다른 사람들이 실망하더라도 당신은 여전히 인정받으며 사랑받는다고 믿어야 한다. 몇 차례 긍정적인 경험이 쌓이기 전까지는 '아니오'라고 말하는 것이 아마 불편할 것이다. 이때 당신을 곤란하게 만들거나 혹은 당신이 경계선을 밝힌 다음에도 어떤 일을 강요하는 사람이 있다면, 그 관계를 점검하든지 아니면 대화를 나누며 경계선을 재차 밝혀야 한다. 단호함과 안타까운 마음을 담아 메시지를 전달하는 연습이 필요하다. 자신감을 가지고 '아니오'라는 반응을 편안하게 선택할 때 그것은 그저 습관을 버리는 것이 아니라 건강을 소중히 여기고 몸과 마음, 정신을 회복하기 위해 중대한 한 걸음을 내딛는 것이다.

　　　그럼 어떻게 해야 당당하게 안 된다는 메시지를 전할 수 있을까? 어떻게 해야 편안하게 '아니오'라 말할 수 있을까? 언제나 '예'라고 말해서는 감정적, 영적 행복을 위한 시간을 좀처럼 낼 수 없다. 적절한 시기에 '예'라고 말하기 위해서는 진심을 담아 '아니오'라고 말하는 연습이 필요하다. 우선은 '아니오'라고 말하는 그 자체에 익숙해질 필요가 있다. 처음에는 이 과정이 낯설고, 심지어 잘못한 것 같은 기분이 들 것이다. 그것은 새로운 것을 배울 때 일상적으로 일어나는 일이다. 처음 자전거를 탔을 때 자연스럽다고 느낀 사람은 거의 없을 것이다. 분명 낯설었지만 결국에는 자신감을 가지고 능숙하게 해냈던 것뿐이다. 안 된다고 말하는 것도 마찬가지다.

안 된다고 말하는 자신의 모습을 눈으로 확인하는 것도 도움이 된다. 욕실이나 화장대 거울 앞에 서서 '아니오'라고 열 번 이상 반복해서 말해보자. 그러면 자신감이 커지고 '아니오'라는 말을 할 때의 청각적인 장벽이 낮아진다. 또한 '아니오'라고 말하는 연습을 하면서 다양한 의미를 전달할 수 있도록 억양을 바꿔보고, 그 의미가 피부에 와 닿도록 전달해본다.

당신의 말이 진정한 소망과 일치해야만 메시지가 완벽하게 전달될 것이다. 진심을 담아 '아니오'라고 말하고 있는지를 확인하고 싶다면, 자신의 얼굴, 특히 눈을 관찰하는 것이 좋다. 눈은 영혼을 들여다볼 수 있는 창문이다. 건강하게 '아니오'라고 말하는 자기 모습을 지켜보면서 그 속에 진심을 담아보자.

이제 어느 정도 익숙해졌다면, 과거의 경험을 떠올려보자. '아니오'라고 말하고 싶었으나 그러지 못했던 과거의 어떤 상황을 선택한 뒤, 그 상황에서 '아니오'라고 말하는 자신의 모습을 대입시켜보는 것이다. 물론 실제로 과거로 돌아가서 무언가를 바꿀 수는 없지만 연습하면 그와 유사한 상황에서 '아니오'라고 말하기 위한 근육을 키울 수 있다. 머릿속으로 그 상황을 다시 떠올리고 건강한 '아니오'로 대응하라. 기분이 어떤가? 앞으로 상황을 바꿀 수 있다는 생각이 드는가? 새롭게 발견한 사실을 다음번에 적용하기 쉽도록 구체적으로 정리해보자.

우리가 '예'나 '아니오'라고 말할 때, 내면에서는 여러 가지 감정의 변화가 생겨난다. 자신의 첫 반응을 머릿속에 기록해두면, 상황에 반응하기 전에 잠시 멈출 시간이 생긴다. 그러면 '예'나 '아니오'라는 말 이외에 다른 선택지가 있을지 살펴볼 수 있다. 상황을 긍정적으로 바꾸고, 우리의 진정한 자아를 반영하는 메시지를 전달하기 위해 필요한 시간을 벌 수 있는 것이다.

반사적으로 베푸는 함정

    누군가에게 베풀 때 사람들은 우호적으로 반응하며 그러면 기분이 좋아진다. 이러한 행복감은 정서적인 안정감을 주고, 인정받고 싶다는 바람이나 기대를 충족시킨다. 대개 자신의 약점을 보호하고 개인적인 생태계를 스스로 통제하고 있다는 느낌을 유지할 필요성이 있을 때, 반사적으로 베푸려는 동기가 생긴다.

    베푸는 자의 역할을 맡으면 순간적으로 자기 회의가 가라앉는 한편, 편안하게 미래를 예측할 수 있다. 하지만 이렇게 반사적으로 베푸는 사람들은 다른 사람들의 도움이나 보답 혹은 관심을 편안하게 받아들이지 못한다. 타인의 도움을 받아들이면 개인적으로 노출된다고 느끼는데 이는 안전한 느낌이 아니기 때문이다. 결국 그들은 왜 자신이 베푸는 습관을 가지고 있는지 완벽하게 파악하지 못한 채, 상황을 개선하는 것과 자기 기분을 개선하는 것 사이의 차이를 간과하고 만다. 온화함과 즐거움을 위해서가 아니라 필요와 집착에 사로잡혀 베푸는 것이다. 그러면 베풀기가 반사적인 결정이 된다. 이런 종류의 베풀기는 조건적이다. '나는 베풀 것이다. 하지만 나는 내가 한 일에 당신이 얼마나 감사한지를 듣고 싶다.' 어쩌면 이렇게 생각한다는 것조차 의식하지 못할 수 있다. 반사적으로 베푸는 사람은 다른 사람에게 베풀기 위해 자신의 욕구를 희생하게 되므로, 결국 감정적으로 충만하기보다는 진이 다 빠졌다고 느낄 수 있다.

하지만 만일 당신이 항상 주기만 한다면 이는 다른 사람에게서 베푸는 경험과 삶의 '기브 앤드 테이크'를 믿을 기회를 빼앗는 것이다. 이럴 때 베푸는 것 이면에 숨은 동기에 습관적으로 의문을 제기하다 보면 판단에 집중할 수 있다. 반사적으로 베푸는 이유에 대해 솔직하게 생각해보라. 불안감을 가라앉히기 위함인가? 도움이 청하는 것이 불편한가? 충분히 베풀지 않았다는 느낌이 들면 사과하거나 찜찜해하는가? 다른 모든 습관과 마찬가지로, 더 이상 반사적으로 베풀지 않을 거라고 말만 해서는 이 습관을 바꿀 수 없다. 반사적으로 베푸는 진정한 동기를 발견해야 한다. 반사적으로 베푸는 것을 잠시 멈추고 이런 동기들을 탐구해볼 시간이다.

지금껏 수많은 사람들을 상담하면서, 나는 끊임없이 베푸느라 바쁨의 함정에 빠진 사람들이 가지고 있는 몇 가지 동기를 발견할 수 있었다. 어떤 이는 다른 사람에게 받는 것 자체를 감정적으로 어렵고 불편해했다. 그들은 자신의 감정을 보호하고 일상적인 환경을 통제하길 원해서 베푼다. 어떤 이는 베푸는 것 자체는 부담스러워했지만 사람들의 기대에 못 이겨 어쩔 수 없이 베푸는 것을 선택하기도 했다. 그들은 베푸는 것을 당연히 해야 할 일로 생각했다. 이는 소망보다는 필요에 따라 행동하기 때문이다. 그들에겐 자신이 해야 한다고 느끼는 것과 다른 사람들이 해야 한다고 느끼는 것 사이의 균형을 맞추는 과정이 필요하다. 때로 어떤 이들은 사람들이 부탁한 것도 아닌데 모임이나 행사에 작은 선물을 늘상 가지고 간다. 이들은 이렇게 베풀어야 그 집단에 받아들여질 거라 믿는다. 선물을 줬을 때 사람들이 보여주는 호의적인 반응 덕택에, 자신이 부족하다는 느낌이나 부정적인 판단을 받을 거라는 두려움을 막을 수 있기 때문이다. 이때의 선물은 부정적인 느낌을 막아주는 감정적인 장벽으로 작용하는 셈이다. 또 자신은 끊임없이 베풀면서도 정작 자신은 가까운 친구나 가족에게조차 도움을 청하기 어려워 하는 사람도 있다. 이들은 도움을 청하면 나약하다는 기분을 느낀다. 이들은 자신이 창조한 사회적 자아를 유지하기 위해 모든 일을 도맡기로 결심한다. 누군가는 다른 사람들을 기쁘게 만들고 싶어서 베푼다. 이들에게 가장 주된 동기는 자신이 특별하고 사랑과 존경을 받는다는 느낌이다.

이렇게 반사적으로 베푸느라 바쁨의 함정에 빠진 사람들은 각기 다른 숨은 동기를 가지고 있다. 그러니 아래 질문을 통해 자신이 원하는 대로 행동하는지 아니면 습관적으로 행동하는지를 판단해보자.

하나 이것은 내가 하고 싶은 일인가, 아니면 내가 해야 한다고 생각하는 일인가?

둘 이 일을 한다고 생각하면 충만해지는 기분인가 아니면 진이 빠지는 기분인가?

셋 베푸는 대가로 무엇을 얻을 생각인가?

넷 익명으로 베풀 수 있을까?

다섯 옆으로 물러나 다른 사람에게도 베풀 기회를 줄 수 있는가?

여섯 다른 사람이 나를 돕겠다고 나서면 왜 불편함을 느끼는가?

질문에 대한 답을 곰곰이 찾아봤다면, 이제 당신은 어떤 이유 때문에 베풀기를 선택했고, 베풀었을 때 어떤 느낌이 드는지, 그리고 베푸는 일이 당신의 마음과 시간을 어떻게 채워주고 있는지를 이해할 수 있을 것이다.

　다음번에는 무턱대고 반사적으로 베푸는 역할로 뛰어들기에
앞서, 위 질문 가운데 적어도 세 가지를 자문해보자. 그저 자신의 감정
에 반응하기보다는 일단 멈추고, 그 감정에 천천히 대응해야 한다는
사실을 기억하라.

4장

내가 바쁜 이유를 _____

_____ 찾았습니다

사람들은 당신이 한 말을 잊을 것이다.

당신이 한 일을 잊을 것이다.

오로지 당신만이 그 순간을 기억한다.

당신의 삶은 지금 진행 중이며, 당신은 속도를 늦추어

삶의 흐름을 통제할 방법을 배우고 있다.

이제 그 과정의 일환으로, 당신이 왜 이렇게 끊임없이 바쁜지

그 이유를 찾아보고자 한다.

사람마다 바쁨의 유형이 다르다.

바쁨의 유형은 크게 다섯 가지로 나눠지는데, 상냥한 사람 유형,

시간 낙관주의자 유형, 완벽주의자 유형, 동아리 선배 유형,

알파 걸 유형이 그것이다. 각 유형별로 어떤 특징을 지니고 있는지를

설명하고, 유형마다 활용하면 좋을 방법을 요약해 담았다.

이 해결책들은 6장과 7장에서 하나씩 소개할 예정이므로, 자신의 유형이

어떠한지 파악한 뒤 해당 페이지로 가서 해결책을 좀 더 살펴보면 된다.

자신이 어떤 유형에 해당되는지를 알게 되면, 바쁨의 함정에서

빠져나와 새로운 삶의 방식을 도입하기가 좀 더 수월해질 것이다.

상냥한 사람:
도움이 필요하면 언제라도 얘기해

상냥한 사람 유형은 주변에서 가장 친절한 사람으로 손꼽힌다. 이들은 언제나 도움을 주며 그래서 곤경에 처했을 때 가장 먼저 연락하게 되는 유형이다. 아이들을 데리러 학교에 가야 하는데 제시간에 도착할 수 없다면, 이들에게 전화하면 된다. 특별 행사에 입고 갈 옷이 없어 도움을 청하면 가장 아끼는 옷도 서슴없이 빌려줄 것이다. 이들은 불씨가 보이기도 전에 불을 끄는 에이스 조력자이다. 다른 사람이 나설 필요가 없도록 스케줄을 조정하고 언제나 예정보다 빨리 일을 처리한다. 언제나 미소를 지으며 쾌활하다. 이들 유형은 의지할 만한 사람이라는 데에 자부심을 가지고 있다. 그래서 낙오자가 있으면 칭찬하고 지지하며 그 사람 편에 서서 이끌어주는 것을 즐긴다.

문제는 이렇게 주변에 도움을 주면서 반사적으로 베푸는 함정에 빠져있다 보니, 너무 많은 시간을 다른 사람을 위해 일하면서 보낸다는 것이다. 게다가 이 유형은 자신이 베풀고 돕는 것은 당연시하면서도 다른 사람의 도움을 받는 것은 어렵게 여긴다. 심지어 언제나 먼저 나서서 기꺼이 도와주겠다고 하다 보니, 어떤 상황에 놓였을 때 다른 사람들이 좀처럼 나서질 않아 더 많은 일을 떠안곤 한다.

일을 망치는 것에 대한 두려움은 어린 시절의 교육 때문에 생길 수 있다. 대개 정이 없고 매우 비판적이며 조건부 애정을 베푸는 부모 아래서 자랐을 때, 이런 유형이 되기 쉽다. 이들 유형은 이런 식의 마음의 소리를 듣는다. '내가 당신을 기쁘게 하거나 일을 제대로 하지 못하면, 당신은 내게 화를 내고 나를 떠나거나 무시하거나 비난할지 몰라.' 이 때문에 무의식적으로 자기 스스로를 비난하고, 자신에 대한 다른 사람의 생각에 사로잡히는 경향을 보인다. 타인의 생각에 우선순위를 두다 보니 상호의존적인 관계를 맺기 쉬우며, 수동-공격적 행동을 보이기도 한다. 심지어 다른 사람의 견해나 행동을 오해하는 경향이 있을 수 있다.

당신이 상냥한 사람 유형이라면 다음과 같은 몇 가지 방법을 통해 자신을 돌볼 필요가 있다. 우선 주변 사람들의 도움을 받아 '아니오'라고 말하는 연습을 하라. 당신이 지금 자신에게 더 바람직한 경계선을 정하는 중이며, 이에 대한 격려와 지지가 필요하다는 사실을 주변 사람들에게 알려라. 그래서 주변 사람들의 도움을 받아 '아니오'라고 말하는 연습을 하자. 흔쾌히 다가와 도움을 주는 그들의 모습에 깜짝 놀랄 것이다. 당신은 도움 받아 마땅하다.

그리고 어린 시절의 경험을 되돌아보고, 스스로에게 과거를 잊어도 좋다고 허락하자. 앞으로 나아가 원하는 모습의 자신에게 건네는 말을 바꾸고 과거의 자신에게 작별을 고하라.

~~~~~~~~~~

우선순위 정하기 연습

나의 신념 찾기(132쪽) │ 매일 하나씩 감사하기(136쪽) │

타고난 기질 발견하기(139쪽) │ 나 자신을 허락하기(154쪽) │

내가 누구인지 정의하기(164쪽)

여유를 되찾는 시간 관리법

'아니오'와 '네'의 횟수 정하기(176쪽) │

건강한 경계선 정하기(191쪽) │ 당당하게 부탁하기(196쪽) │

분주함 평가하기(199쪽)

~~~~~~~~~~

시간 낙관주의자:
시간은 있어, 다만 지금 없을 뿐

시간 낙관주의자 유형은 언제나 할 일이 태산이다. 이들은 행사와 관계의 조정자이다. 이들의 결정과 관심은 창의적인 사고와 혁신적인 기술을 바탕으로 한다. 시간 낙관주의자 유형은 자발적으로 나서는 것을 좋아한다. 일이 잘못될 경우에도 융통성을 잃지 않고 즉흥적으로 생각해 훌륭하게 대처한다. 무슨 일이 있더라도 프로젝트를 마무리하고 기대를 능가하는 성과를 거두려는 태도가 이들의 원동력이다.

문제는 이 유형이 시간의 경계선을 정하지 않고 분에 넘치게 일하는 경우가 다반사라는 것이다. 모든 것이 될 수 있다는 함정과 따라잡기의 함정에 빠져있다고 할 수 있다. 모두 처리할 수 있다고 굳게 믿기 때문에 지나칠 정도로 많이 약속을 정하고 흔히 마지막 순간에 취소한다. 일반적으로 모임에 가장 늦게 도착하는 축에 속한다. 늦게 도착하는 것은 자신의 시간이 소중할 뿐만 아니라, 자신이 중요한 사람이라는 사실을 다른 사람들에게 알리는 방식이기도 하다.

시간 관리 방식이 왜곡되어 있기 때문에, 이 유형은 '일 하나를 더 처리할 시간이 있어'라는 마음의 소리를 계속 들으며 어디를 가든지 바쁘게 움직인다. 다른 사람들에게 노출되거나 판단을 받을까 봐 두려워하며, 유능하고 사랑받을 만한 사람임을 증명해야 할 필요성이 이들을 끊임없이 움직이게 밀어붙인다.

그래서 시간 낙관주의자는 끈기 있게 목표를 성취한다. 멀티태스킹과 위임하기를 번갈아가며 반복하지만, 어떤 방법에서도 이들이 생각하기에 마땅히 얻어야 할 결과를 얻지 못한다. 당연히 이들은 긴장을 푸는 것을 어려워하며 대개 다음에 해야 할 일을 미리 걱정하곤 한다.

시간 낙관주의자라면, 당신이 하는 일들이 당신을 결정하지 않는다는 사실을 계속 되새겨야 한다. 속도를 늦추고 마음의 소리에 귀를 기울일 필요가 있으며, 내면에서 원하는 메시지를 주의 깊게 살펴야만 몸과 마음의 긴장을 풀 수 있다.

~~~~~~~~~

우선순위 정하기 연습

매일 하나씩 감사하기(136쪽) | 시공간 단순화하기(142쪽) |

침묵 활용하기(145쪽) | 상상력 충전하기(150쪽) |

활기찬 순간 창조하기(161쪽) |

내가 누구인지 정의하기(164쪽)

여유를 되찾는 시간 관리법

'아니오'와 '네'의 횟수 정하기(176쪽) |

시간 길들이기(181쪽) | 건강한 경계선 정하기(191쪽) |

분주함 평가하기(199쪽) |

모든 전원을 끄고 휴식하기(202쪽)

~~~~~~~~~

완벽주의자:
이 모든 것이 다 가능하지

완벽주의자 유형 역시 따라잡기의 함정과 모든 것이 될 수 있다는 함정에 빠져있는 경우다. 이들은 투지가 넘치고 여러 목표를 성취한다. 작은 것 하나하나를 꼼꼼히 살펴 신경을 쓰면서도, 원하는 목표를 성취해내는 능력자이기도 하다. 외모를 관리하는 데에도 많은 신경을 쓰고 패션 센스는 빈틈이 없다. 완벽주의자는 믿음직하고 신중하며 결단력이 있다. 목표 지향적이며 결과에 초점을 맞춘다. 큰 그림을 보는 능력이 있어서 팀 활동을 조정하고 성과를 향상시키도록 고무시키는 일에 이상적인 후보자이기도 하다.

안타까운 것은 이런 완벽주의적 성향이 삶의 몇 가지 중대한 영역에 지배적으로 나타나기 쉽다는 것이다. 예를 들어 실패에 대한 두려움이 그러하다. 이런 두려움은 흔히 좌절이나 심지어 우울증으로 이어지며, 업무 능력이나 인간관계에 부정적인 영향을 미칠 수 있다.

완벽주의자는 인정과 칭찬에 목말라하며 동료와 사랑하는 사람을 실망시키지 않으려고 엄청나게 노력한다. 자기 세계에서 통제권을 유지하려는 욕구가 강하며 그래야만 안전하다고 느낀다. 혹여 큰 그림에 대한 초점을 잃고 매우 비판적인 자기 대화의 소용돌이에 휘말려 버리면, 탁월해지려는 욕구와 '모 아니면 도'라는 마음의 소리로 말미암아 노력한 결과를 얻지 못할 수 있다.

이들에게 최대의 적은 자기 자신이다. 실패에 대한 두려움이 일 중독의 경향을 부추긴다. 나약함은 통제권을 잃을지 모른다는 두려움을 고조시킨다. 열등감이 비판적이고 방어적이며 지나치게 자기중심적인 사람으로 변하게 만든다. 무언가를 잘못하거나 완벽하게 처리하지 못할까 봐 꾸물거리는 일도 많다. 실수는 용납할 수 없는 것이라고 생각하기 때문이다.

그러므로 완벽주의자 유형은 자신의 욕구에 대해 말하고, 행동하며, 직면하고, 발전하는 네 단계의 실천 과정을 거치는 것이 좋다. 좀 더 구체적으로 설명하자면, 우선 해야 하거나 하고 싶은 것을 발견하고 이를 스스로에게 들려줘야 한다. 그렇지 않으면 똑같은 결과가 반복될 것이다. 그 다음 원하는 것을 이루기 위해 매일 한 가지씩 의식적으로 실천한다. 행동은 말을 움직이게 만들므로, 의식적인 행동을 하면 진정으로 소망하는 것에 가까워질 수 있다. 이 과정에서 당신은 커다란 두려움을 느낄 수 있다. 그러니 두려움을 느낀다는 사실을 인정하고 그것과 마주하도록 하자. 두려움을 인정하면, 오히려 그 부담이 줄어든다는 것을 발견할 수 있을 것이다. 이렇게 원하는 것을 말하고 행동에 옮기며 두려움을 인정하는 과정을 반복하면서 당신은 보다 발전해나갈 수 있다.

우선순위 정하기 연습

매일 하나씩 감사하기(136쪽) │ 상상력 충전하기(150쪽) │
나 자신을 허락하기(154쪽) │ 나약함을 드러내기(158쪽) │
내가 누구인지 정의하기(164쪽)

여유를 되찾는 시간 관리법

'아니오'와 '네'의 횟수 정하기(176쪽) │
관점을 바꿔 상황을 재정의하기(186쪽) │
당당하게 부탁하기(196쪽) │ 분주함 평가하기(199쪽) │
모든 전원을 끄고 휴식하기(202쪽)

동아리 선배:
모두를 위한 하나, 하나를 위한 모두

동아리 선배 유형은 다른 사람들을 참여시켜서 함께하는 일에 높은 가치를 둔다. 주변 사람들에게 누구에게나 기억에 남을 경험이 있음을 명확히 짚어주며, 어떤 집단이든지 결속시킬 수 있다. 그러다 보니 공익을 위한 활동에 관심을 갖는 경우가 많다. 정기적으로 자원봉사를 하기도 하고, 비슷한 요청을 받을 때 열정적으로 참여한다. 낙천적이고 쾌활한 모습으로 바쁜 하루 일과를 힘들이지 않고 처리한다. 친절하고 매우 사교적이며 아는 것이 많을 뿐만 아니라 모든 사람에게 최고가 되기를 원한다. 이 유형은 충직하고 현명하며 전문적인 계획자라 할 수 있다. 직장에서는 팀에게 동기를 부여하고 더욱 발전하도록 영감을 불어넣으며, 모두가 지지하는 관계를 형성할 수 있는 사람이다. 냉정을 잃지 않고 협상하는 데 능한 특성도 있다.

다른 한편으로, 이 유형은 소속감이 매우 강하다. 한 집단의 구성원으로서 자신의 정체성을 규정짓는 까닭에, 개인으로서 자신은 어떤 사람인지 확실히 알지 못하는 경우가 많다. 이들은 사랑과 인정을 받으려는 욕구 때문에 자신이 속하고 싶은 집단에 영향을 미치고 싶어한다. 그래서 이들의 자신감은 다른 사람들의 인정에 좌우되며 인정을 받지 못할 것 같으면 불안감을 느낀다. 혼자 있는 것을 불편해하는데 이는 자신이 스스로 흡족할 만큼 훌륭한 사람이 아니라는 두려움의 증거이다. 동아리 선배 유형의 마음의 소리는 '가능케 하라'이며, 자신이 원하는 것을 얻으려 할 때 상당히 경쟁적으로 변한다.

겉으로 보기에는 자신감이 넘치지만, 실상 이 유형은 기본적으로 자신감이 부족한 편이다. 그러므로 자신감을 키우기 위한 활동이 필요하다. 예를 들어 '나는 인내심이 많고 믿음직하며 개방적이다' 같이 마음에 드는 자신의 특성들을 적어본다. 그 다음 아침과 저녁에 각각 한 번씩 거울을 보면서 이 특성들을 되풀이해서 말해본다. 이 간단한 활동을 통해서 새로운 에너지의 흐름이 시작될 수 있고, 그러면 자신이 하는 일이 아니라 자신의 내면에서 제시하는 일에 초점을 맞출 수 있다.

또한 이 유형은 집단의 구성원으로서의 정체성만 강하고 개인으로서의 정체성은 약하므로, 자신을 알기 위한 시간을 따로 가질 필요가 있다. 1주일에 한 번 정도는 다른 사람을 참여시키지 않고 오로지 자신만을 위한 활동을 혼자서 해보자. 예를 들면 자연을 접하며 공원을 산책한다든가 10분간 모든 연락을 끊고 명상을 하는 것이다. 이런 작은 활동만으로도 분명한 변화가 일어날 것이다. 이런 휴식 시간을 통해 자신의 참모습을 편안하게 받아들이게 되면, 자신과 관계를 맺을 공간을 얻을 수 있다.

~~~~~~~~

우선순위 정하기 연습

여유를 되찾는 시간 관리법

~~~~~~~~

알파 걸:
걱정 마, 내가 알아서 할게

알파 걸 유형은 매력적인 성격의 소유자이며 타고난 리더이다. 의지가 강한데다가 자신만만하고 단호하며 사람들의 무리를 여유롭게 지휘한다. 도전을 좋아하고 회복 탄력성이 뛰어나며 승리를 위해 열정적으로 노력한다. 이들의 수많은 성취는 단순한 성취 이상의 의미가 있다. 그것은 이들의 목적과 스스로 규정한 가치관을 나타낸다. 커뮤니케이션 방식은 단도직입적이지만 상대방에게 공감한다. 비록 의욕이 넘치고 출세 지향적이지만, 자비로우며 팀원 개개인의 노력을 지지한다. 이들 유형의 마음의 소리는 '그건 내게 문제가 안 돼' 혹은 '내가 알아서 할 거야'이다. 긍정적인 태도로 야망을 성취하고자 노력하며 다른 사람의 의견이 부정적이라고 해도 오해하지 않는다. 언제나 자신이 있고 갈등 상황에 감정을 개입시키지 않는다. 알파 걸 유형 중에는 외톨이가 많지만 스스로 동기를 부여하고 목표를 설정하는 면에서는 전혀 문제가 없다.

하지만 이 유형 역시 모든 것이 될 수 있다는 함정과 반사적으로 베푸는 함정에 빠져있기 때문에, 실패나 평범해지는 것을 무의식적으로 두려워하는 경향이 있다. 그리고 이런 두려움 때문에 지나치게 경쟁적이고 공격적이며 오만해질 수 있다. 외부 세계를 안심하고 신뢰하지 못하기 때문에 1차적인 환경을 통제하기 위해 노력하는 편이다. 실제로 이들 유형 대부분은 줄곧 넘치게 응원을 받아온 경우가 많아서, 거절당하거나 실패한 경험이 드물다.

만약 알파 걸 유형이 두려움에 적절히 대처하지 못한다면, 사람을 교묘하게 조종하고 지배하며 융통성이 없고 잘난 척할 수 있다. 누군가 자신을 신랄하게 비판하고 두려움을 건드릴 것 같으면 초연한 척하거나 무관심한 척할 수 있다. 이들은 약점을 편안하게 드러내지 못하는데, 만일 약점이 드러나면 보호를 받지 못하거나 안전하지 못하다고 느끼기 때문이다. 자신감이 과해서 현재 순간에 집중하지 못하며, 그 바람에 다른 사람과 의미 있는 관계를 넓힐 기회를 얻을 수 있는 사회적 신호를 빈번히 놓친다.

알파 걸 유형에겐 나약해지고 가볍게 행동해도 괜찮다는 인식의 전환이 필요하다. 당신이 의사 결정자가 아닌 어떤 상황을 선택해보자. 이를 테면 점심 먹을 장소를 결정하거나 회식 자리 배치처럼, 단순하고 해롭지 않은 상황을 선택하는 것이다. 그리고 이때 다른 사람에게 결정권을 넘겨라. 항상 모든 문제를 결정해야 하는 것은 아니다. 때로는 다른 사람을 위한 관객이 되어 흐름에 따라보자. 일하지 않고 결정하지 않으며 그냥 듣는 것이 어떤 느낌이지 경험해보라. 알파 걸 유형은 항상 계획을 세우거나 규칙을 정하려는 경향이 강하다. 그러므로 계획을 세우고 규칙을 정하는 것이 왜 중요한지 자문해보자. 1주일에 한 번은 어떤 계획이나 규칙도 세우지 않겠다고 선택하고, 다른 사람이 어떤 식으로 대응하는지 지켜보라. 이는 '기브 앤드 테이크'의 균형 잡힌 흐름을 파악할 수 있는 좋은 연습이 될 수 있다.

동아리 선배 유형과 마찬가지로 알파 걸 유형에게도 온전한 휴식 시간이 필요하다. 그러면 자신에게 진정으로 중요한 것이 무엇인지를 이성적으로 생각할 수 있다. 1주일에 하루를 정해 오로지 존재하는 일에 10~15분을 투자해보자. 이를 테면 휴대폰을 들지 않고 산책을 가거나 사무실이나 집에서 10분 동안 평온한 시간을 보낼 수 있다. 평온함이 정신에 미치는 영향은 음식이 몸에 미치는 영향과 같다. 스케줄이 과중해서 줄기차게 카페인에 의존한다면 몸이든 정신이든 간에 제대로 작동하지 않을 것이다.

5장

바쁘지 않아도 _____

_____ 아무 일도 안 일어납니다

해결책이 아니라 문제를 바꾸는 것에 주의를 기울여라.

주의를 기울이는 곳으로 에너지가 흐른다.

지금껏 우리는 바쁨이 문화로 자리를 잡았고 수많은 사람에게

중독성이 있는 습관이 되었다는 사실을 깨달았다.

바쁘게 움직이도록 동기를 부여하는 요소와 꼼짝달싹할 수 없는 바쁨의 함정,

그리고 사람마다 달리 나타나는 바쁨의 유형을 알아보기도 했다.

이제 남은 것은 유형에 맞는 해결책을 이용해 바쁨과 영원히 헤어지는 일이다.

그러나 그전에 하나 더 필요한 게 있다.

바로 지금이 바로 바쁨과 헤어질 시간이라는 것을 확신하는 일이다.

그래서 이 장에서는 당신 스스로 지금이 바로 바쁨과 헤어져야 할 때이며

바쁨과 헤어져도 아무일도 일어나지 않는다는 확신을 가질 수 있도록,

'바쁨과 헤어져도 괜찮음을 확신하는 연습'과 '3분 명상법'을 소개하고자 한다.

행동의 변화를 이끌어내는 생각 편집법

바쁨이 하나의 문화로 자리 잡아 우리를 호시탐탐 노리는 상황에서, 바쁨과 과연 헤어져도 되는지 의문을 느낄 수 있다. 또는 아직은 바쁨과 헤어질 때가 아니라고, 조금 더 목표를 이루거나 상황이 개선되어야만 바쁨과 헤어질 수 있다고 믿을 수도 있다. 그래서 바쁨과 온전히 헤어지기 위해서는 바쁨과 헤어져도 삶이 망가지지 않을 것이며 오히려 더 행복해질 수 있다는 강한 확신이 필요하다.

이를 위해서 나는 의심과 걱정을 확신으로 바꿀 수 있는 '생각 편집법'을 소개한다. 이 역동적인 생각 편집법은 다섯 단계로 구성되어 있으며, 어떤 문제에 놓였을 때 모든 상황을 신속히 평가해서 가장 유익한 해결책으로 관심의 방향을 돌릴 수 있게 해줄 것이다.

하나 문제를 정의해서 짧은 선언문을 만든다.

둘 문제 선언문을 해결책 선언문으로 바꾼다.

셋 해결책에 맞춰서 당신의 목적과 관심을 재구성한다.

넷 해결책을 실천하여 변화한 모습을 상상한다.

다섯 결과 선언문을 작성하고, 실행한 것을 개인적으로 선언한다.

당장은 무슨 말인지 이해하기 힘들지도 모른다. 어떻게 구체적으로 적용하는지는 다음 장에서 좀 더 자세히 소개하기로 하고, 우선은 이 생각 편집법의 원리에 대해서 잠시 이야기해볼까 한다. 이 생각 편집법은 세 가지 테크닉을 이용하고 있다. '방향 결정 사고', '요약하기', '감각 명상'이 그것인데, 이 테크닉들은 목표 지향적인 행동에 집중해서 결정하고 행동할 수 있도록 의식의 전환을 돕는다.

사실 우리가 의식적으로 사고해서 행동하려면, 잠재의식적 사고를 하고 행동할 때보다 훨씬 더 많은 에너지를 필요로 한다. 예를 들어 처음 운전을 배울 때를 떠올려보자. 시동을 걸고 기어를 조정해서 액셀을 밟는 과정을 하나하나 의식적으로 수행해야 한다. 당연히 신경도 많이 쓰이고 금세 피곤해진다. 하지만 어느 정도 익숙해져서 이 모든 과정을 자동적으로 수행할 때는 힘도 거의 들이지 않고 피곤함도 느끼지 못한다. 이렇듯 잠재의식적인 사고 과정은 여러 가지 기본적인 일상 활동과 습관을 자동화시키며, 우리가 매일 생각하는 것 가운데 약 90%를 차지한다. 그러니 바쁨의 습관을 벗어나 새로운 습관을 자리잡게 하려면, 기존에 잠재의식적 사고로 이루어지던 행동을 벗어나 의식적으로 주의를 기울여야 한다. 우리의 생각과 감정, 습관에 의식적으로 영향을 미치고 행동을 통제해야 한다. 방향 결정 사고는 목적을 말로 표현하도록 해서, 이러한 의식적인 행동을 지지하도록 돕는다.

요약하기는 불필요한 생각을 제거해서 원하는 결과의 핵심을 만드는 테크닉이다. 이를 통해 서로 무관한 세부 사항을 편집할 수 있고 행동 계획에 초점을 맞출 수 있다.

감각 명상은 의식적인 명상을 통해 오감에 활기를 불어넣는다. 감각 명상의 핵심 활동은 목표와 그 결과가 실제로 일어난 것처럼 이야기로 구성해서 표현하는 것이다. 요컨대 미래를 미리 체험하는 것이다.

생각 편집법을 실제로 해보기 전에, 자아 인식이 이 과정에 얼마나 중요한지 알아둘 필요가 있다. 자신의 독특한 모습을 더 풍부하게 발견하고 이해할수록 더욱 빨리 명확하고 확고하게 사고를 변화시킬 수 있다. 이 일을 가능케 하는 것은 바로 이 순간 이미 당신 내면에 존재한다. 당신 내면의 힘에 불을 지펴 원하는 것을 인식하고, 삶을 변화시킨다는 책임을 수용하며, 언제든 이 두 가지 일을 시작할 수 있다는 사실을 이해해야 한다. 바로 이것이 긍정적인 생활 습관으로 변화시키는 핵심이다.

바쁨과 헤어져도 괜찮음을 확신하는 연습

이제 생각 편집법을 당신의 삶에 적용해보자. 이 과정을 통해 당신은 조금씩 바쁨과 헤어질 수 있게 되고, 바쁨과 헤어지며 얻게 되는 것들을 삶에 통합시켜 균형을 찾을 수 있게 될 것이다. 이제 상담실을 찾았던 마흔 살 메리가 생각 편집법을 활용했던 과정을 들려주고자 한다. 이 과정을 함께 따라가면서, 당신의 문제를 제대로 정의내리고, 이를 의식적으로 전환해 당신에게 필요한 결과 선언문을 찾을 수 있기를 바란다.

메리는 일에 매진하느라 사생활을 제대로 돌보지 못하는 문제를 가지고 있었다. 그녀는 나와 상담하면서 바쁨에서 벗어나겠다고 다짐했지만, 그녀가 가장 원하는 것이 무엇인지 제대로 확신하지 못하고 있었다. 그래서 그녀는 생각 편집법의 첫 번째 단계로, 그녀의 문제를 발견하고 이를 짧은 선언문으로 요약해 정의내려보기로 했다. 이 과정을 좀 더 수월하게 진행할 수 있도록 나는 몇 가지 생각해볼 만한 질문을 추가로 던졌다.

"당신은 그 익숙한 문제에서 무엇을 얻고 있나요? 1년이 지나면 그 문제가 어떻게 보이거나 느껴질 것 같은가요? 1년이 지나면 이 문제가 당신의 행복에 어떤 영향을 미칠까요? 이 문제를 안고 사는 것을 정말로 그만두고 싶은가요?"

이런 질문들에 대해 생각하는 과정을 통해, 메리는 '일을 하느라 시간을 너무 많이 써서 운동할 시간이 없다'라는 자신에게 가장 필요한 문제 선언문을 완성할 수 있었다.

문제 선언문을 완성했다면, 그 다음 단계는 문제 선언문을 해결책 선언문으로 바꾸는 것이다. 해결책 선언문은 당신의 문제를 해결할 수 있는 이상적인 결과를 6~10자로 표현한 문장을 말한다. 기억하기 쉽도록 간단명료하게 표현해야만, 당신이 지속적으로 떠올리며 실천하기가 수월하다. 하지만 문제에서 바로 해결책을 찾기가 쉽지 않으므로, 이렇게 변화함으로써 지금 당신에게 없는 무엇을 얻을 수 있는지, 그리고 무엇이 변화할 것이며 변화했다는 사실을 어떻게 알 수 있을지를 먼저 생각해보면 좋다. 앞서 말한 메리는 나의 이런 질문에 아래와 같이 답했다.

> 하나 이렇게 변화함으로써 지금 당신에게 없는 무엇을 얻을
> 수 있을까?
> 운동할 때 에너지가 더 넘칠 것이다. 자존감이 올라가고 살이 빠
> 질 것이다.
>
> 둘 무엇이 변화할 것이며, 변화했다는 사실을 어떻게 알 수
> 있을까?
> 운동이 스트레스와 불안감을 해소시키는 데 도움이 될 테니 인
> 내심이 강해질 것이다. 옷이 더 잘 맞을 것이다. 매일 즐거움을
> 주는 일을 할 에너지가 더 많아질 것이다.

메리는 이렇게 질문하고 답하는 과정을 통해, 자신에게 필요
한 해결책을 몇 가지로 요약해냈다.

> 하나 제시간에 퇴근해 운동하는 시간을 가질 것이다.
>
> 둘 매일 30~40분을 운동 시간으로 정할 것이다.
>
> 셋 오늘 오후 5시부터 30분 동안 운동할 것이다.

이런 요약하기 과정을 통해, 메리는 '매일 오후 5시부터 30분
동안 운동할 것이다'라는 해결책 선언문을 완성할 수 있었다.

명확한 해결책 선언문을 작성했으니 이제 해결책에 맞춰서 당신의 목적과 관심을 재구성할 차례다. 이것은 바로 당신의 이야기를 만드는 과정이며, 해결책 선언문은 이야기의 제목이라 할 수 있다. 당신이 해결책 선언문을 실천하기 위해서 노력하는 목적이 무엇인지 써보고, 이를 이루기 위해서 어떤 점에 주의를 기울이고 노력하면 될지를 정리해보자. 그리고 그렇게 했을 때 얻을 수 있는 결과와 긍정적인 이점을 함께 적어보자. 이렇게 해결책에 맞춰서 당신의 이야기를 재구성하게 되면, 이 과정에서 당신은 의식적인 전환을 또 한 번 할 수 있게 된다. 그리고 목적을 선언하면 더욱 현실적으로 다가온다. 청각이 활성화되고 목표에 부합하는 생각을 할 수 있게 된다. 잠재의식적 사고가 활성화되어 목표를 이루기 위한 선택을 할 수 있게 된다.

주의를 집중하면 해로운 방해 요소에 사로잡히지 않게 된다. 우리가 두렵고 불확실한 것을 피하려고 애쓰기 때문에, 방해 요소가 우리에게 추파를 던지고 유혹하며 무의식적으로 생성된다. 그러니 이야기의 주제를 피하고 싶은 것에서 필요한 것과 원하는 것으로 바꾸는 일에 주의를 집중해보자.

이렇게 당신만의 스토리가 만들어졌다면, 이제 상상을 통해 당신이 실제로 그것을 이룬 모습을 최대한 자세히 그려볼 차례다. 시련을 만났지만 훌륭히 극복하는 모습을 떠올릴 수도 있고, 변화를 모두 이뤄내 지금과는 달라진 모습을 디테일하게 그려볼 수도 있다. 앞서 얘기했던 메리는 이 과정에서 제시간에 운동가는 것을 방해하는 온갖 요소를 상상해봤다고 했다. 퇴근 시간에 임박해 갑자기 들어온 일, 한잔하러 가자고 말하는 직장 동료, 회의가 늦어져서 퇴근 시간을 훨씬 넘겨서 끝나는 상황 등 해결책을 방해하는 수많은 방해 요소가 있었다. 그때마다 적절히 대처하고 제2의 방법을 모색하며 시뮬레이션을 그리는 동안, 그녀는 그녀의 해결책을 보다 상세하고 생생하게 현실화시킬 힘을 얻을 수 있었다. 그리고 마지막으로 이 모든 어려움을 이겨내고 매일 30분씩 운동하기에 성공한 모습을 상상했을 때, 강한 활력과 자신감을 느낄 수 있었다. 이렇게 의식적인 스토리텔링을 결합하게 되면, 보다 집중된 사고로 행동의 핵심을 포착할 수 있다.

마지막으로 할 일은 당신이 그 해결책을 실행했을 때 얻을 수 있었던, 특히 상상하기를 통해 좀 더 생생하게 느껴졌던 이상적인 결과를 선언문으로 작성하는 것이다. 메리는 상상 속에서 운동에 성공했을 때 느꼈던 강한 활력과 자신감을 토대로 '언제나 활력이 넘치고 어떤 일이든 당당하게 헤쳐나갈 수 있는 자신감을 얻었다'라는 결과 선언문을 작성했다. 이렇게 메리는 문제를 인식했고 해결책을 찾았으며 그것을 이뤘을 때 얻게 될 이상적인 결과를 미리 체험했다.

중요한 것은 이제 당신이 원하는 것을 정확히 알고 있고, 가장 이상적인 결과를 얻기 위해 필요한 정신적·신체적 활동을 통합시켰다는 사실이다. 당신이 이 다섯 단계에 집중해서 당신의 생각을 목표에 맞춰 편집한다면, 계획한 대로 모든 과정이 흘러갈 것이다.

한 가지 조언을 하자면, 생각 편집법을 활용할 때는 한번에 한 가지 변화만 목표로 하기를 바란다. 너무 포괄적이거나 여러 가지 목표를 설정하고 너무 다양한 해결책을 실천하겠다고 정리해버리면, 강력한 의식의 전환을 이루기가 힘들다. 즉 여러 개의 일시적인 변화가 아니라 한 가지의 의미 있는 변화로 만드는 데 초점을 맞춰야 한다. 또한 사소한 상황이나 도전 과정을 실천함으로써 자신감과 능력을 키우되, 세부 사항에 지나치게 얽매이지 않기를 바란다. 중요한 것은 큰 그림에 초점을 맞추고, 반복하며 실천하는 것이다. 어떤 일이든 지속적으로 연습하면, 완벽해지지는 않더라도 발전은 하게 되어있다.

마음을 위로하는 3분 명상법

개인적으로 나는 명상을 아주 좋아한다. 명상은 현실적인 한편 영적이며, 내가 경험한 바로는 '마법'이라고 묘사할 만하다. 특히 명상은 바쁨과 헤어지고 원하는 것을 이루기 위해 필요한 마음의 공간을 마련해준다. 이 간단하지만 효과적인 방법은 주머니 속의 비서와 같다. 이 비서가 정신의 책상을 말끔히 치우면 우리는 우리가 선택한 것에 의식을 집중하기만 하면 된다. 당연히 최고의 순간을 설계하거나 재검토하거나 혹은 계획하기에도 좋다.

익히 잘 알려진 사실이지만, 명상은 혈압을 낮추고 감정과 행동을 관할하는 두뇌 영역 _{전전두엽 피질} 을 자극하는 등 신체의 여러 작용을 향상시킨다. 뿐만 아니라 정신이나 영혼과 관계를 맺는 풍부하고 무한한 원천이다. 간단히 말해 영혼은 살아있는 모든 존재의 기원이자 인간의 핵심이며 우리 모두를 하나로 묶는 연결체이다. 영혼은 불멸이고 무한하며 자아와 연결된 개체로서 우리 모두가 경험하는 생명의 의식이다.

사고는 우리가 관리하고 변화시킬 수 있는 의식의 유일한 표현이다. 명상을 통해 사고를 의식적으로 관리하면 걱정과 불안이 가라앉고 수면의 질이 개선되며 집중력과 자아 인식이 향상될 수 있다. 또한 면역 체계가 강화되고 스트레스의 전반적인 영향을 줄일 수 있다. 명상의 종류는 무수히 많지만 어떤 종류든 간에 마음의 소리를 진정시키는 효과가 있다. 명상은 규칙적인 호흡을 통해 사고를 의식적으로 활성화시키고 구체적인 목표를 향해 이끌기 때문이다. 단순한 테크닉이지만 그 효과는 지속적이다.

이제 3분 명상법을 소개한다. 그러나 나는 당신이 3분으로 제한해서 명상하지 않기를 간곡히 부탁하고 싶다. 일단 이 방법을 시도해 보면 매우 유익하고 즐거우며 효과적이라는 것을 실감할 것이다. 3분으로 시작해서 원하고 필요한 만큼 시간을 늘려가기를 추천한다.

하나 편안하고 안전하며 조용한 장소를 찾는다.

둘 바닥에 발을 평평하게 붙이고 손과 손바닥을 옆구리 옆에 편안하게 놓은 채 똑바로 앉는다.

셋 다섯 번 심호흡을 한다. 코로 숨을 들이마셨다가 입으로 내쉰다. 그런 다음 호흡이 긴장을 풀고 자연스러운 리듬을 찾 도록 놔둔다.

넷 날숨을 쉴 때마다 긴장을 내보내고 긍정적인 에너지를 들 이마신다고 상상한다.

다섯 명상의 목표를 세운다.

여섯 다섯 번 깊이 숨을 들이마시고 내쉰다.

일곱 다음으로 다섯 번 깊이 숨을 들이마시고 내쉴 때 머리 바로 위에 선명하고 따뜻한 황금색 빛이 떠있으며 숨을 들이 마실 때마다 머리부터 시작해서 온몸으로 그 빛을 받아들인 다고 상상한다. 이 빛이 당신 안에 가득할 때 정신의 근육과 세포가 긴장을 푸는 느낌이 들 것이다. 계속해서 부드럽고 매 끄럽게 몸 아래로 이 빛이 지나가면서 마침내 발바닥에 도달 하는 모습을 머릿속에 그린다. 원하는 만큼 천천히 내려간다. 빛이 발바닥을 통과할 때 대지의 여신과 다시 연결되었다고 느낄 것이다. 의식적인 에너지가 발바닥을 통과하고 대지의 에너지와 더욱 밀접하게 연결될 때, 얼얼한 것 같은 따뜻한 감각을 느낄 수도 있다.

여덟 하루의 초점을 맞춰서 오늘의 목표를 정한다.

아홉 강력한 빛 속에서 감사하는 마음을 가지며 오늘 하루를 그려본다.

이 연습은 간단하고도 효과적일 뿐만 아니라 재미도 있다. 이 과정이 의미 있는 하루의 일부가 될 것이라고 기대하고 그렇게 믿어라.

앞서 이야기한 생각 편집법과 3분 명상은 어떤 사람이든 혹은 어떤 상황에서든 의식을 획기적으로 바꾸기 위한 역동적인 요소들이다. 이 필수 조건을 이용해 당신을 일상으로부터 분리시키고, 바쁨에서 벗어나려는 노력을 가로막는 외부의 방해 요소를 차단하길 바란다.

6장

내 마음의 우선순위를 정하기 위한 _____
_____ 열 가지 연습

얼마나 크게 혹은 얼마나 자주 이야기하는가가 아니라

그 내용을 알차게 만들고 공유하라.

마음가짐과 행동은 각각 대본과 영화라 할 수 있다.

영화를 만들기 전에 대본을 써야 한다.

이치에 어긋나지 않고 순서에 따라 전개되는 이야기가 필요하다.

배우가 대본을 미처 리허설하지 않았는데 카메라가 돌아가기 시작한다면,

영화는 엉망진창이 되어버릴 것이다. 마찬가지로 마음가짐을 리셋하는 것은

하고 싶은 일을 하기 위한 리허설이다. 행동할 준비가 되도록

생각을 준비시킨다. 이 장에 실린 연습들은 대본에

도움이 되지 않는 불필요한 생각과 정신적인 습관을 없애는 데 효과적이다.

놀라운 변화를 일으키기에 적절한 마음가짐을 찾도록 사고를 개방할 것이다.

생각의 힘을 활용하지 못한 채 일하면서 시간을 낭비하는 일은

더 이상 없어야 한다. 앞서 얘기한 바쁨의 유형에 맞춰 자신에게

필요한 연습법을 선택해서 활용해도 좋고, 전체적으로 모든 방법을

살펴봐도 좋다. 이제 이 장에 소개한 열 가지 연습법들을 활용해서,

의식적인 의사 결정과 변화를 위한 탄탄한 토대를 마련하도록 하자.

나의 신념 찾기

사람마다 각기 다른 신념을 가지고 있다. 이런 신념들은 아주 소소한 것부터 거대한 명제까지, 다양할 수 있다. 예를 들어 기적은 실재한다, 나는 내 직관을 믿는다, 나는 행복해져야 마땅하다, 세금이 지나치게 많다, 인류 외의 지성체가 우주에 존재한다, 영적 치유의 힘을 믿는다 등 신념은 현실적인 것부터 거대 담론에 이르는 것까지를 모두 포함한다.

신념은 과거의 경험에서 비롯되며 개인적인 현실과 세계관의 상당 부분을 정의한다. 신념이란 우리가 진실이라고 믿는 의견이다. 신념은 가치관, 다시 말해 삶을 영위하는 기준이기도 하다. 자신의 신념을 돌아보면, 그 속에 숨겨진 핵심 가치관 역시 찾을 수 있다. 정직, 교육, 감사, 윤리, 인내성, 존중, 충성, 애정, 열의 등이 대표적이다.

신념은 우리의 행동과 태도에 영향을 미친다. 그러므로 태도란 신념과 가치를 표현하는 방식이라 할 수 있다. 따라서 어떤 신념과 가치관이 사고에 영향을 미치는지 파악할 지혜를 얻는다면, 더 짧은 시간에 명확하고 의식적으로 의사를 결정할 수 있을 것이다.

만일 신념이 당신을 방해한다고 생각된다면 신념을 재검토해야 한다. 그러면 어떤 것이 필요하고 어떤 것을 버려야 할지 골라낼 수 있다. 아래 질문들을 통해 당신이 가장 중요하게 간직하는 신념을 찾아내고, 진정한 자신의 모습과 조화를 이루는 방향으로 변화하도록 이끌어보자.

하나 어떤 신념이 효과적인가?

둘 어떤 신념이 더 이상 효과적이지 않은가?

셋 어떤 가치관을 가장 중요하다고 생각하는가?

넷 지난 1∼5년 동안 신념이 어떻게 변화했는가?

다섯 그 변화가 유익했는가, 아니면 목표를 성취하는 데 걸림돌이 되었는가?

여섯 어떤 가치관이 나의 신념을 지지하는가?

일곱 가장 자주 이용하는 신념과 가치관이 목표를 지지하는가?

예를 들어 한 여성이 '엄마가 우선적인 양육자가 되어야 한다'라는 신념을 가지고 있다면, 그녀는 자신의 신념을 지키기 위해 갖은 애를 쓸 것이다. 무리를 하는 게 당연하며 다른 사람의 도움을 구하는 것을 어려워할 수 있다. 이럴 땐 이와 비슷한 카테고리에 있는 다른 신념들을 검토해서 효과적인 신념을 찾아내는 게 우선적으로 해야 할 일이다. 예를 들어 '엄마와 아빠가 1차 양육자로서 똑같이 중요하다'라는 신념을 찾아내야 한다는 것이다.

추가적인 예를 몇 가지 더 든다면, '지구상에서 우리의 삶은 단 한 번뿐이다'라는 신념을 가지고 있다면, '환생이 존재한다'라는 신념을, '개개인이 각자의 삶을 산다'는 신념을 가지고 있다면, '우리는 모두 연결되어 있다'는 신념을 함께 놓고 이 질문들에 대해 생각해봐야 한다. 그래야만 원하는 곳으로 이끌어줄 수 있는 가장 효과적인 최고의 신념을 찾아낼 수 있다.

이런 강력한 신념이 있다면, 이는 묵묵히 지속적으로 의사 결정을 하게 만드는 커다란 계기가 되어준다. 앞서 이야기한 3분 명상을 함께 활용하면 신념의 효과가 더욱 높아질 수 있다.

익숙함과 편안함에 이끌려 행동하기보다는 이따금 자신의 신념을 돌이켜보자. 마음을 열고 공감할 때 다른 사람의 욕구는 물론이고 자신의 욕구를 수용할 중대한 도구를 얻을 수 있다. 신념이 진정한 자아를 표현할 때 결정을 내리기가 더 쉬워진다. 더욱 자신 있게 결정을 내릴 수 있을 것이다. 결국, 모든 결정을 내린 사람은 자신임을 깨달을 테니 말이다.

매일 하나씩 감사하기

감사는 주변에서 일어나는 좋은 일에 주목하는 것이다. 사랑하는 사람에게 일어나는 좋은 일, 맛있는 음식, 아름다운 일몰처럼 눈에 잘 띄는 것들은 찾기도 쉽다. 반면 삶의 폭풍이 몰아칠 때 감사하기란 어려운 일이다. 하지만 감사의 힘에 초점을 맞추면 그런 시기에도 한줄기 빛을 분명 발견할 수 있다.

감사를 감정이 아니라 실천으로 보면, 개인의 건강과 행복을 지키는 효과적인 도구라고 생각할 수 있을 것이다. 감사를 실천하면 행복 지수가 높아지고 혈압이 낮아지며 면역 체계가 향상되는 한편, 숙면에 도움이 되고 불안과 우울함이 줄어든다. 회복 탄력성을 높이기에도 효과적이다. 이 모든 게 그저 몇 분 동안 좋은 일에 감사함으로써 얻게 되는 것들이다.

우리의 마음이 긍정적이고 감사하는 상태일 때, 생리 기능이 변화해 기분 좋은 호르몬이 분비되고 기분이 고양된다. 지지와 주목, 존중을 받는다고 느끼는 사람들은 대개 긍정적으로 참여한다. 심지어 감사는 전염성이 있다. 주변에 감사를 퍼트리고 자주 공유하면, 하루의 질이 크게 향상될 수 있다.

그러니 언제 어디서든 이 간단한 연습을 실천해보자. 짧으면 1분, 길면 1시간 이상 걸린다. 이 연습을 마치면 가볍고 상쾌한 기분이 들며 감사하는 마음이 느껴질 것이다. 그리고 지금 존재하는 좋은 일에 더 주목하게 될 것이다.

하나 앉을 수 있는 조용하고 편안한 장소를 찾는다.

둘 눈을 감고 열 번 깊이 숨을 들이마시고 내쉰다.

셋 갖가지 색깔의 야생화로 가득한 탁 트인 들판에 서있다고 상상한다. 잠시 꽃들이 가벼운 산들바람을 타고 흘러가는 모습을 바라본다.

넷 상상력을 발휘해 이 근사한 꽃밭으로 사랑하는 사람을 초대한다. 이제 주변을 둘러보면 그들의 애정 어린 얼굴이 보인다.

다섯 잠시 한 사람씩 바라보면서 이를 테면 이해나 친절 혹은 애정이 깃들인 파트너십처럼 그들로부터 받은 무형의 선물을 말로 표현해본다.

여섯 연습이 끝나면 모든 사람에게 사랑한다고 전한다.

집과 집의 안락함, 자동차와 자동차의 편안함, 부엌과 욕실 수도꼭지에서 항상 흘러나오는 물, 무더위 속에서 그늘을 드리우는 나무, 창밖에서 지저귀는 새 등 삶의 유형적인 요소로 이 감사 연습을 반복해보자. 어떤 일이 일어나든 상관없이 감사할 대상은 항상 존재한다. 이런 태도를 생생하고 활기차게 유지할 때, 매일 그 혜택을 얻을 수 있다.

일과를 시작하고 마무리할 때 1분 동안 감사의 시간을 가지며 매일 감사를 실천하는 것도 좋다. 이 의식적인 연습을 통해 태도가 변하고 목적에 다시 초점을 맞출 수 있게 된다. 삶에서 가지지 못한 것에 초점을 맞추기보다는 가진 것에 감사하는 시간을 몇 분 동안 가진다면, 자신을 불쌍히 여기거나 수렁에 빠지거나 좌절하기는 어려울 것이다. 이를 명심하고 감사하는 연습을 반복하라. 자주 반복할수록 좋다.

타고난 기질 발견하기

무엇이 당신을 가장 확실히 당신답게 만드는가? 나는 이것이 '기질'이라는, 선천적으로 타고난 선물이라고 생각한다. 기질은 시간이 지나면 발전하는 기술과는 달리 내면에서 이용되고, 열정과 목적의식을 통해 외적으로 표현된다. 선물로 받은 그 특성을 의식적으로 끌어들여 독특한 힘을 이용하면, 생각보다 훨씬 더 짧은 시간에 힘을 들이지 않고 경이로운 변화를 일으킬 수 있다.

기질은 가장 친한 친구와 비슷하다. 친구는 항상 곁에 머물며 당신에게 도움되는 일이라면 기꺼이 나선다. 친구에게 가까워질수록 지지받는다는 느낌은 커지는 반면 두려움은 줄어들 것이다.

타고난 기질을 발견하면 어떤 상황에서든 적극적으로 이용할 수 있다. 이는 의식적으로 바쁨을 멀리하며 해결책을 발견하는 좋은 방법이다.

당신의 타고난 기질을 발견하기 위해서, 우선 최대한 멀리 돌이켜 생각해보자. 어떤 순간이나 추억을 생각하면 즐거움과 기쁨으로 충만해지는가? 당신의 어떤 특성 때문에 이런 추억이 생겼는가? 여러 추억의 공통점은 무엇인가? 예를 들어 언제 가장 행복하고 즐거웠는지를 돌이켜보면서, 당신은 '나는 의사소통을 잘하고, 독립적이고, 진지하고, 솔직하고, 경쟁력이 뛰어나고, 통찰력이 있고, 믿을만하다'는 특성을 발견할 수 있게 된다.

두 번째로는 직장이나 가정에서 시간이 가는 줄을 모르고 했던 활동이나 프로젝트를 목록으로 작성하라. 이것이 바로 당신이 몰입하고 당신의 열정과 목적이 조화롭게 존재하며 발전하는 곳이다.

세 번째로는 당신이 만나고 싶은 사람들, 가고 싶은 장소, 하고 싶은 일, 앞으로 겪었으면 하는 경험과 느낌을 정리해보자. 다음 질문이 도움이 될 것이다.

하나 나는 어떤 사람들을 사랑하는가?

둘 어떤 장소나 일을 경험하고 싶은가?

셋 가능성이 희박해도 도전해서 성취하고 싶은 세 가지 일은 꼽자면 무엇인가?

넷 삶에 포함시키고 싶은 무형의 특성을 세 가지 꼽자면 무엇인가?

이제 첫 번째와 두 번째, 세 번째로 정리한 목록을 비교해보자. 첫 번째 목록에는 있었으나 두 번째나 세 번째에 사라져버린 특성도 있을 것이고, 세 가지 목록 모두 나타나는 특성도 있을 것이다. 세 가지 모두 반복해서 나타나는 특징이야말로, 가장 강력하고 유익하며 어떤 순간이든 가장 많이 존재하는 당신의 기질이다.

이 기질을 당신의 토대로 삼아라. 삶을 넘치게 사랑하고, 도전할 용기를 내고, 열정과 목적을 더욱 생생하게 되새기기 위해 노력하라. 당신이 행복해지기 위한 타고난 기질에 주의를 집중한다면, 더이상 바쁨의 유혹에 넘어가지 않을 것이다.

시공간 단순화하기

잡동사니가 없는 생활의 긍정적인 영향은 단순히 물리적인 공간을 개선하는 데 그치지 않는다. 심리적 건강과 정서적 건강까지 개선된다. 방해물과 무질서로 말미암아 감각이 억제되고 구속받으면, 정신은 온통 방해 요소들로 어수선해지기 때문이다. 창의력과 영감, 건강한 직관을 위한 새로운 기회가 찾아오려면, 이에 맞는 공간과 이 요소들을 더욱 성장시킬 시간이 필요하다.

공간과 시간을 단순화하는 일의 핵심은 편집이다. 물건을 치우고 정신적인 공간을 마련하는 한편 주변 공기를 순환시키고 정체된 부정적인 에너지를 제거해야 한다. 당신의 패기를 반영하는 긍정성을 끌어당겨야 한다.

시공간 단순화는 일련의 조정과 배제, 포함으로 구성된다. 특히 사람과 여러 장소에 의식적으로 우선순위를 매기면, 자기만의 시간을 가지고 일상생활의 질을 관리하는 길에 한걸음 가까워질 것이다.

우선 관계 집단의 중요성과 질을 구별함으로써 시간을 보내는 방법을 선택해보자. 관계 집단은 세 유형으로 구분할 수 있다.

첫 번째는 내부 집단이다. 이들은 당신이 믿는 막역한 사람, 친구, 가족이라 볼 수 있는데, 시간과 공간을 할애할 가치가 가장 크다. 건강한 경계를 존중하고 수용하며 기대한다. 감정적으로나 물리적으로 가장 가깝게 관계를 맺은 사람들이다. 두 번째는 외부 집단으로, 이따금 보는 친구와 직장 동료들을 포함시킨다. 세 번째는 주변 집단인데, 이들은 우연히 알게 되어 주로 특별한 행사에서 만나는 사람들이라 볼 수 있다. 잘 모르는 많은 사람들이 이 집단에 속한다.

당연히 가장 먼저 내부 집단에 소중한 시간을 할애해야 한다. 각 집단에 할애할 시간과 공간의 양을 분배하고, 어떤 집단에서 어떤 선택을 할 수 있는지를 토대로 할애할 양을 결정하면 된다.

그 다음에는 장소에 우선순위를 두어 공간을 단순화시킬 차례다. 어디로 가고 왜 그곳에 가는지 판단하기 위해서, 다음과 같이 자문해보자.

하나 그곳에 있는 것이 내 큰 그림에 중요한가?

둘 내가 그곳에 있어야 하는가?

셋 그곳에 있기로 결정할 때 기분이 어떤가?

넷 그곳에 있고 싶은가?

모든 사람이 똑같은 양의 시간을 할애할 가치가 있는 것은 아니며, 마찬가지로 모든 행사와 장소에 참석해야 하는 것은 아니다. 그러므로 중요성을 판단해 어디에서 누구와 시간을 보내고 싶은지 의식적으로 선택하는 연습을 해보자.

침묵 활용하기

침묵을 불편해하는 사람이 많다. 우리는 속도가 빠르고 복잡하며 자극적인 세상에 익숙해져 있다. 침묵은 좀 더 친밀하며 그래서 나약함이 더 강렬하게 느껴진다. 방금 만난 사람과 마주 앉았는데 갑자기 대화가 끊겼다면 어떨까. 대부분 대화를 계속하려고 말을 더듬거리거나 아니면 자리를 피해버릴지도 모른다. 할 말을 하거나 말이 많거나 사람들과 어울리기 좋아하거나 언어적인 면에서 카리스마가 있다는 것은 용인되지만, 침묵이라는 개념은 그렇지 않다. 우리는 그다지 중요하지 않거나 혹은 영향력을 발휘하는 방법이 아니라고 생각하며 침묵을 평가 절하한다.

하지만 침묵은 강력한 도구이며 적극적으로 경청하기 위해서도 매우 중요하다. 언제든지 이용할 수 있지만 누구나 쉽사리 이용하지 못하는 선천적인 능력이다. 침묵의 힘은 다른 사람들의 들러리가 아니라 관찰자로서 잠자코 있어도 괜찮다는 자신감을 키운다. 관찰자의 역할을 맡을 때, 우리는 신중하게 대응할 수 있다. 감정은 반응하기 십상이다. 그러므로 감정적으로 대응하지 않는 법을 배울 때, 비로소 편협한 생각과 행동에서 벗어나 객관적인 태도로 공감할 수 있다. 침묵의 힘을 이용하면 감정의 중심을 유지하기가 쉬워진다. 침묵은 의식적인 사고 능력, 다시 말해 혼돈이나 혼란에 휘말리지 않고 원하는 곳으로 인도하는 사고 능력을 뒷받침한다.

침묵을 통해 객관적인 태도를 유지하려면, 명상, 고요한 호흡, 반성, 혹은 적극적인 경청이 필요하다. 적극적인 경청에는 변화와 성장, 개인적인 친화, 전문적인 발전, 문제 해결을 가능케 하는 중대한 힘이 담겨있지만, 아마도 여러 테크닉 중에서 가장 개발되지 않은 것일 것이다. 적극적으로 경청하려면 잠시 생각을 멈추고 고요해지는 방향으로 이끌어야 한다. 대화를 나눌 때 적극적인 경청이란 상대방의 말을 판단한다든지 아니면 방어하거나 대응할 방법을 준비하지 않은 채 귀를 기울여 듣는 것이다. 대화에서 관찰자의 입장을 취하면 적극적인 경청 모드에 머물며 판단하거나 방어하지 않을 수 있다. 적극적으로 경청하는 태도를 유지하려면 다음 질문들을 유념해야 한다.

나는 지금 판단하고 있는가? 답변을 준비하고 있는가? 상대가 말했던 마지막 세 문장을 반복할 수 있는가?

처음 두 질문의 대답은 '아니다'여야 하고, 세 번째 질문의 대답은 '그렇다'여야 한다. 그것이 적극적인 경청의 공식이다. 지금껏 만난 적 없는 두 사람을 지켜보고 있는 듯이 대화에 접근해보자. 두 사람은 대화를 나누고 있고 당신은 그 모습을 지켜보고 있다고 생각하는 것이다.

현재 순간에 존재하면 적극적인 경청에 도움이 된다. 적극적인 경청은 과거나 미래가 아니라 지금 이곳에 생각을 멈춰둔다. 만일 '지난번에, 다시, 예전에, 항상'이라는 단어를 쓴다면 그것은 마음의 파도타기를 하고 있다는 신호이다. 적극적으로 경청하는 동안 마음을 고요하게 가라앉히면 문제 해결 능력과 공감, 동정과 해결책 발견에 자극제가 될 것이다. 뿐만 스트레스와 불안감에 크게 반응하지 않을 것이다. 가만히 경청하는 데 어떻게 스트레스를 받을 수 있겠는가?

또한 대화나 만남을 시작하기 전에 1분 동안 목적을 정하면 적극적인 경청 모드를 유지할 능력이 크게 향상될 것이다. 그러면 통일성을 유지하고 대화가 엉뚱한 방향으로 흐르지 않을 것이다.

그리고 자신의 감정과 거리를 두고 상대방의 말을 받아들이는 데 집중한다. 이는 상대방이 옳거나 그르다는 의미와는 상관이 없다. 다만 상대에게 의견이나 메시지, 어떤 감정이 있고 당신은 상대의 말을 통해 그것을 적극적으로 받아들인다는 의미일 뿐이다. 감정이 난무하는 상황이라 할지라도 자신의 감정과 거리를 두고 현재 순간에 존재하려고 해야 한다. 당신의 감정은 다른 사람의 행동이나 말의 산물이 아니라 당신의 것이다.

만약 현재 순간에 집중하지 못하고 마음의 파도타기를 하며 과거와 미래를 높다랗게 쌓아올린다면, 생각과 주의가 사방으로 흩어질 것이다. 이럴 때 현재 순간에 머물기 위해서는 호흡에 집중해야 한다. 말하거나 반응하지 않아도 뜻은 충분히 전달할 수 있다. 침묵은 행동이다. 관찰자에게 침묵은 경험으로 쌓이며 그러면 더욱 마음을 열고 경청할 수 있게 된다. 다음에 할 말을 생각하느라 바쁘지 않으니, 상대방의 말과 행동을 기억할 수 있다. 상호작용하면서 감정을 개입시키지 않고 말없는 관찰자를 자청할 때, 다른 사람들이 흔히 놓치는 세부적인 요소를 발견할 것이다.

어떤 상황에서 예상되는 결과를 포기한다면, 그것은 결과에 대한 감정적인 집착을 버린다는 의미이다. 그래야만 객관성을 유지하고 감정을 의식하며 큰 효과를 거둘 것이다. 그러면 감정을 쏟고 집착하며 선불리 행동하지 않고 관찰자의 경험을 받아들일 수 있다. 환경이 감정을 지배하는 완벽한 예로 운전을 들 수 있다. 교통이 정체되었을 때 오디오북을 들을 수 있는 기회가 왔다고 반갑게 맞이하는 사람이 있는가 하면, 짜증이 나서 화가 부글부글 끓는 사람이 있다. 두 사람이 경험하는 상황은 똑같지만 반응은 사뭇 다르다. 감정이 경험으로 이어지는 상황이 언제나 존재한다. 하지만 잠시 멈추어 감정과 결과의 관계를 생각해보면, 감정을 바꾸어 진정으로 원하는 것에 집중할 수 있는 기회를 발견할 수 있을 것이다.

그렇다고 예상되는 결과를 포기한다는 말이 자포자기를 의미하는 건 아니다. '지금 여기'를 인식하고 존재하며 관찰한다는 의미이다. 우리가 의식적으로 조절할 수 있는 것은 우리의 생각과 감정, 반응뿐이다. 마음을 진정시키고 생각을 가라앉힐 때 당당하게 포기하는 한편, 예상치 못한 면을 비롯한 삶의 과정을 신뢰할 수 있을 것이다. 침묵이 얼마나 강력한지 깨달을 것이다. 얼마나 크게 혹은 얼마나 자주 이야기하는가가 아니라 그 내용을 알차게 만들고 공유하도록 하라.

상상력 충전하기

상상력은 독창적이고 의식적으로 재능을 발휘하는 능력이다. 상상력이 목적과 결합될 때, 일상적으로 이용하는 강력한 도구가 될 수 있다. 행동과 창의적인 가능성으로 인도할 수 있는 것이다.

두뇌의 뉴런 네트워크로 활성화되는 방대한 정신적 공간에서 상상력이 발휘된다. 예술가는 발명가와 몽상가, 문제 해결사처럼 끊임없이 상상력을 이용한다. 하지만 우리가 하는 일이 아니라 원치 않는 것을 생각하며 시간을 보낼 때, 우리의 상상력은 미친 듯이 날뛰기 시작한다. 일어나지 않은 일과 일어날지도 모르는 일에 대해 걱정할 때 우리의 정신은 마음의 소리와 방해 요소로 차고 넘친다. 누군가의 말이나 행동 혹은 일어날지도 모르는 일이나 이미 일어난 일에 대해 생각할 때, 우리의 시간이 달아나고 정신적인 저장고를 고갈시킨다. 그러니 피곤해질 수밖에 없다. 상상력에 불을 붙이고 바로 이 순간 우리의 내면에 존재하는 이 풍부한 자원을 이용할 에너지가 남아있지 않다.

상상력에 불을 붙이면 재미있고, 편안하며, 자신감이 넘치고 집중력을 되찾는 데 도움이 된다. 이 모든 것이 비생산적인 사고 패턴을 변화시키는 열쇠이다. 그리고 이 변화는 당신이 소망하는 것을 조용히 의식적으로 끌어당기기 시작할 것이다. 당신의 인식이 소망을 향해 움직일 수 있기 때문이다.

그럼에도 우리는 상상력을 제대로 이용하지 못하고 있다. 어린아이들에게는 상상력을 발휘하라며 격려하지만, 나이가 들면서 상상이나 상상력을 발휘하는 놀이는 그리 권장되지 않는다. 시시한 것으로 간주된다. 그렇게 우리는 창의성과 무한한 가능성에서 비롯된 자발성이라는 상상력의 선물을 잃어버린다.

상상력에 불을 붙이는 것이 정말 도움이 될 수 있는지 확신이 서지 않거나 혹은 그런 일에 서투르다 해도 그냥 한 번 시도해보라. 바로 이 순간에 당신을 재충전시키고 생각의 방향을 바꿀 수 있으니 말이다. 상상력은 변화를 일으키는 강력한 도구이다. 상상력에서 발현된 경이롭고 혁신적이며 삶을 바꾸는 아이디어와 발명품을 생각해보라. 상상력이 아니었다면 디즈니랜드나 컴퓨터, 비행기는 존재하지 않았을 것이다.

이제 어디에서든 상상력에 불을 붙일 수 있는 연습을 소개한다. 아래의 형식을 이용해 바라는 결과나 목표, 혹은 성취를 명확한 문장으로 진술해보자.

＊＊＊

나는 .... 후에 .... 할 것이다.

첫 번째 칸에는 성취할 시기를 구체적으로 정해서 적고, 두 번째 칸에는 바라는 결과나 목표, 성취 항목을 적으면 된다.

＊＊＊

나는 .... 을 성취하면 ....
기분일 것이다.

이때는 '좋다' 같은 단어를 피하고 가능한 구체적으로 적는다.

＊＊＊

나는 .... 때문에 내가 성취했다는 사실을
알 것이다.

이 문장에서는 무엇이 달라질지 구체적으로 밝히는 것이 중요하다.

답변을 검토하고 날짜, 시간, 수치, 위치 등 세부 사항을 덧붙인다. 모르는 사람에게 자신의 '이야기'를 전하고 있다고 상상하면 도움이 될 것이다. 세부 사항과 감정을 알리고 이야기를 분명하게 전달하면 목표에 더욱 가까워질 것이다.

그 다음 편안한 자세로 앉거나 누울 수 있는 안락한 장소를 찾은 뒤, 코로 깊이 숨을 세 번 들이마시고 입으로 내쉰다. 당신의 원하는 결과 혹은 목적과 어울리지 않는 모든 산만한 생각과 단절하고, 머릿속으로 당신이 그린 목표를 상상해보자. 각각의 단계와 행동까지 세부적으로 그려보자. 어떤 옷을 입고 있는지 그곳에 누가 있는지, 주변 온도는 어떤지, 조용한지 아니면 시끄러운지, 기분은 어떤지 등 이야기를 최대한 자세하게 전달하는 모습을 머릿속으로 그린다. 각 단계를 천천히 머릿속으로 짚어보며 마치 실제로 이 순간을 경험하는 것처럼 과정을 즐겨라. 실제로 그 순간을 즐기고 있으니 말이다.

놓친 것은 없는가? 어떤 세부 사항을 덧붙이고 싶은가? 최대한 많이 덧붙여라. 이는 생산적인 과정이며 게다가 돈도 들지 않는다. 당신이 바라는 결과에 초점을 맞추어 최대한 구체적으로 상상해서 당신 안의 위대한 에너지를 끌어올려보자.

나 자신을 허락하기

자신에게 허락을 해준다는 것이 무슨 말일까? 어쩌면 누군가에게는 경력이나 관계의 다음 단계를 심사숙고하기 위해 충분한 시간을 할애한다는 의미일 것이다. 어쩌면 누군가에게는 꿈꾸던 휴가를 떠나거나 항상 흥미가 있었던 주제에 관한 강좌를 듣는다는 의미일 수도 있다. 어찌됐건 무엇이든 해도 좋다는 허락은, 누군가가 신호를 보내기를 기다리는 것이 아니라 스스로에게서 시작하는 것이다.

어떤 감정을 느끼든 간에 그 감정 때문에 자신에게 허락을 해주지 못한다면, 아마 이는 어딘가에 도사리고 있는 두려움 때문일 것이다. 두려움은 기본적인 감정이며 이를 테면 투쟁이나 도피 반응을 활성화시킨다. 위협을 인지했을 때 재빨리 움직이게 만드는 것처럼 말이다.

두려움은 영구적인 것이 아니라 어떤 목적을 달성하기 위해 느끼는 것이다. 그러므로 두려움의 원천을 인식하지 않으면 두려움이 커지고 막연해져서, 그것이 무엇인지 분명히 파악하지 못한 채 두려움에 지배되고 만다. 두려움을 확실하게 파악하면 위협을 느끼기보다는 동기를 부여하는 자극제로 이용할 수 있다. 당신이 원하는 모든 것은 두려움의 반대편에 존재한다. 일단 두려움을 이겨내면 모든 것이 가능하다. 완벽한 타이밍을 기다릴 필요가 없다. 그저 적당한 시기를 기다리는 것으로 충분하다. 완벽해지기를 기다린다면 오래 기다려야 할 테지만, 두려움을 인식하고 떠나보내기만 하면 두려움으로부터 자유로워질 수 있기 때문이다.

그러므로 먼저 두려움에서 벗어남으로써 원하는 것을 추구해도 좋다고 스스로 허락하는 연습이 필요하다. 우선 당신의 발목을 잡고 있는 것은 그저 당신의 기분임을 깨닫고 다음 네 단계를 통해 벗어나보자. 필요하다면 몇 차례 과정을 반복해도 좋다. 그러면 반복할 때마다 더 가볍고 자유로워진다고 느낄 것이다. 우선 다음 문장을 완성해보자.

• • •

나는 지금껏 .... 하다고 느꼈기 때문에

.... 을 하지 않았다.

첫 번째 과정은 두려움을 다시 한번 확인하는 것이다. 두려움의 정체를 파악하면 두려움을 정복할 기본적인 자신감이 생길 것이다.

...

내 두려움은 .... 이다.

두 번째는 두려움을 인정하는 과정이다. 두려움에게 '안녕'이라고 인사해보자. 어쩌면 바보가 된 기분이 느껴질지도 모른다. 사실 바보 같다고 느끼는 것이 오히려 더 바람직하다. 두려움의 부정적인 힘을 줄이는 데 도움이 된다. 두려움을 받아들인 다음, 두려움을 지나쳐 반대편으로 걸어갈 수 있는 능력이 충분하다고 믿어라. 작별 인사를 하려면 먼저 만남의 인사를 해야 한다.

이제 세 번째 과정은 두려움에 작별을 고하는 것이다. 두려움을 공공연하게 드러내면 작별을 고하기가 더 쉬워질 것이다. 작별을 고하는 것이 불편하게 느껴지더라고 행동으로 옮기기 위한 첫 걸음을 내디뎠다고 믿어라.

...

나는 이 두려움에 작별을 고하고 내 삶에

.... 을 위한 공간을 만들기로 선택한다.

안녕!

네 번째 과정은 허락하는 것이다. 두려움에 작별을 고했으니 이제 원하는 것을 대담하게 추구해도 좋다고 허락할 때가 왔다. 두려움에서 벗어났거나 혹은 적어도 마음속에 추상적으로 남겨두는 대신에 공공연하게 드러냈으니 두려움에 대처해서 없앨 수 있다.

• • •

나는 내게 .... 하도록 허락한다!

매일 1분 동안 허락을 반복함으로써 깊이 새겨본다. 말로 표현한 허락을 머릿속에 떠올리면 올바른 방향으로 움직일 수 있는 에너지의 흐름이 발생한다. 거울 앞에서 연습하면서 몸 동작을 더하고 손을 흔들어 작별을 고하면 과정을 더욱 강화할 수 있다. 두려움을 밝은 곳으로 끌어내어 노출시키고 배출하라.

나약함을 드러내기

나약하다는 느낌을 끌어안으면 새로운 기회로 향하는 문을 열 수 있다. 나약함이란 의도된 위험을 받아들이면서 어떻게든 모험을 이어가는 것이다. 나약함은 우리로 하여금 불확실에 직면해도 의미 있는 목적을 결국 성취할 거라고 긍정적으로 생각하게끔 격려한다.

특히 소중한 사람들에게 나약함을 드러내고 공유하면, 모든 면에서 친밀함을 조성할 수 있다. 익숙한 길을 선택할 때보다 나약함을 드러낼 때 더 큰 보상을 얻기 쉽다.

친숙한 일만 한다면 탐구하고 성장할 여지가 남지 않는다. 똑같은 패턴만 반복하면 똑같은 결과를 향해 질척대며 걸어갈 것이다. 해답을 모르면 어떤가. 사실 해답을 모르는 편이 오히려 더 좋을 수 있다. 혁신적인 해결책을 발견하고 창의성을 발휘할 수 있는 가능성의 영역에 있다는 의미이니 말이다.

아래 몇 가지 연습을 통해 의식적으로 나약함에 가까워질 수 있다. '하지 않기'는 확실성을 포기하고 친숙하지 않은 것을 편안하게 받아들이는 것이다. 그러면 언제나 그렇듯이 친숙하지 않은 것에 직면했을 때 당황하지 않고 대처할 자신감이 생길 것이다.

우선 일정 하나를 취소해보자. 스케줄과 계획은 업무의 기준을 제공한다. 어쨌든 우리에게는 처리해야 할 일이 많다. 일정에서 한 항목만 선택해서 그 일을 하지 않는다면 어떻게 될까? 앞으로 무슨 일이 일어날지 몰라도 크게 불편해하지 마라. 모르는 것이 '하지 않기'의 토대이다. 미지의 상황에서 가능성이 나타나고 의식적인 사고가 촉발된다. 오감이 가능성에 집중되어 일상이 더욱 뚜렷해지고 창의력이 더욱 풍부해진다. 이 연습을 하면, 내게 필요하거나 내가 즐길 것이라고는 생각지 못한 것, 존재하는지조차 몰랐던 기회가 생기는 것을 보고 항상 깜짝 놀란다. 미지의 불확실성을 수용하고 그것이 등장할 공간을 만들 때 모든 것이 가능해진다.

어쩌면 미지의 사람들과 예상치 못한 만남을 통해서, 의식적으로 나약함에 가까워질 수 있다. 줄곧 만나고 싶었던 사람이 있는가? 친구들을 더 많이 사귀고 새로운 사람을 점심에 초대하라. 좋아하는 사람에게 먼저 고백하라. 직장 동료에게 퇴근 후에 한잔 하자고 제안하라. 그러면 최악의 경우 어떤 일이 일어날까? 거절당할까? 그래도 괜찮다. 중요한 것은 당신이 성장할 수 있는 안전한 방식으로 자신을 나약한 상황으로 내몰았다는 사실이다.

또한 일상에서 무의식적으로 하는 일들 중 하나를 의도적으로 선택해서 나약한 상황에 놓이게끔 할 수도 있다. 의식적으로 생각하지 않고 매일 수행하는 일을 세 가지 정도 말해보라. 그런 일들은 굳이 수행하지 않아도 일상에 부정적인 영향을 미치지 않을 것이다. 이불 정리, 소셜 미디어 업데이트, 메일 읽기, 온라인 쇼핑, 옷 입기이를 테면 잠옷 바람으로 계속 있기 등이 그런 일일 것이다. 이런 일들은 모두 안전지대를 의미한다. 이 일상적인 임무와 행위에서 우리는 질서가 있다는 느낌을 얻곤 하지만, 오늘만큼은 그 상자 가운데 하나를 확인하지 않기로 선택해보자.

활기찬 순간 창조하기

삶은 우리에게 많은 것을 안긴다. 이때 의식적으로 대처할 준비가 되어있지 않으면 반응에 이끌려 결정을 내리고 낡은 습관에 의존하게 될 것이다. 매일 자극과 방해 요소가 발생하니 존재하기에 급급한 것도 그리 놀랍지 않다.

현재에 존재한다는 것은 감정적으로나 물리적으로 최대한 그 순간에 머무는 것이다. 주변에 있는 것을 의식적으로 인식하고, 상대방의 말을 마치 처음 듣는 듯이 들으며, 의식적인 에너지를 투입해 이 과정을 돕는 것이다.

현재에 존재하고 활기찬 순간을 창조하면 얻을 수 있는 혜택이 많다. 감각이 고조되므로 음식 맛이 더 좋아지고, 호흡과 몸에 의식적으로 초점을 맞추니 신체 고통이 줄어들며, 생각을 집중할 때 해결책을 더 확실하게 찾을 수 있다. 그리고 우리의 회백질은 감정 습득과 관리를 관리하는 두뇌 영역에서 밀도가 더 높다. 또한 이는 면역 체계에 긍정적인 영향을 미치고 만성적인 스트레스의 증상을 줄이며 긍정적인 사고 능력을 향상시킨다.

현재에 존재한다는 것은 그저 순간에 그치지 않는다. 현재에 존재하면 바쁨이 온종일이 아니라 한순간으로 그친다. 예기치 못한 상황이라도 침착하게 반응할 수 있으며, 일어나지 않은 일로부터 초연해질 것이다. 혜택을 거두기에 현재보다 더 좋은 때는 없다.

이제 보다 온전히 현재에 존재하기 위한 몇 가지 방법을 소개하고자 한다. 우선 지금 하는 일을 멈추고 앞에 멈춤 버튼이 있다고 상상한 다음 버튼을 눌러라. 60초 동안 정지한다. 이는 마음가짐을 리셋하고 현재 순간에 집중하기에 충분한 시간이다.

코를 통해 시원한 공기를 들이마시고 입으로 따뜻한 공기를 내쉬면서, 호흡에 주의를 집중하며 반복하자. 어느 정도 호흡에 온전히 집중했다면, 주변을 돌아보고 그 공간에 물리적으로 존재하는 자신을 모습을 의식적으로 깊이 새긴다. 그러면 정신의 속도가 느려지고 그 순간에 다시 존재하게 될 것이다. 사고가 좀 더 의식적인 상태로 움직이면서 에너지가 변화하는 것을 느낄 것이다. 예를 들어 이런 식의 사고 흐름이 나타날 것이다. '나는 우리 집 거실에 있다. 나는 서있다. 낮이다. 오후 2시이다. 내 이름은 이본이다. 여성이다. 검은색 바지와 단추 달린 흰색 블라우스를 입고 있다.' 자세하게 의식할수록 순간의 현실을 더 뚜렷하게 인식할 것이다.

이제 당신은 현재 순간에 존재한다. 가능할 때마다 활기찬 순간을 창조하라. 그러면 더 멋진 자아가 드러날 것이다.

내가 누구인지 정의하기

　　당신은 이 지점에 도달하기 위해 여러 가지 작업을 했다. 다양한 질문을 탐구하고 마음가짐이 생각과 행동에 얼마나 영향을 미치는지를 발견했다. 이제 이 장에서 애기할 연습은 지금까지 습득한 모든 것에 대한 탐구로, 진정한 자신의 모습을 발견하고 싶은 모든 사람을 위한 것이다.

　　나를 인식한다는 것은 내가 누구이며 무엇을 원하는가라는 질문을 들여다볼 수 있는 렌즈이다. 인식이 확장되면 질문할 때 판단하지 않고, 불확실성이 존재할 때 신념을 잃지 않으며, 조건 없이 사랑하고, 신분의 구속으로부터 벗어나 내면에 있는 '나'를 완벽하게 발견할 수 있다. 그래서 나를 인식하는 것이 중요하다.

　　일과 경쟁, 분주함, 책임, 약속 아래에 숨은 '나'는 누구인가?

'나'를 발견하면 바쁜 습관과 스케줄이 과중한 일과, 그리고 여기에 따르는 죄책감과 좌절로부터 해방될 수 있다. 오직 당신만이 정의할 수 있는 자신의 참모습을 인식하게 되면, 여기에 적응하고 발전하며 성장할 능력을 키울 수 있다.

이런 자아 탐구를 통해 당신의 참모습에 담긴 잠재력이 드러난다. 아무것도 확정된 것은 없으며 정답과 오답 따위는 존재하지 않는다. 이 연습의 목적은 '내가 하는 일'이 아니라 '나라는 존재' 그 자체를 발견하도록 돕는 것이다. 이제 당신에게 필요한 몇 가지 질문을 던져보도록 하겠다.

하나 당신에게 사랑은 어떤 느낌과 모습인가?

둘 어디에서 사랑을 가장 자주 경험하는가?

셋 자신의 어떤 면을 사랑하는가?

넷 시간을 거슬러 올라간다면 젊은 자신에게 어떤 조언을 하고 싶은가?

다섯 상상력을 발휘하고 모든 판단을 유예했을 때 진정으로 원하는 것은 무엇인가? 그것을 얻으면 삶이 어떻게 향상될 것 같은가?

여섯 원하는 것을 현실에 더 가깝게 만들기 위해 오늘 어떤 행동을 취할 수 있는가?

일곱 언제나 행복감을 주는 것은 무엇인가?

여덟 오늘 자신에 대해 무엇을 발견했는가?

아홉 자신을 세 단어로 표현한다면 어떤 단어를 선택하겠는가?

열 '나는 누구인가?'라는 질문에 어떻게 대답하겠는가?

하루나 이틀, 필요하다면 더 오랫동안 이 질문에 대한 답변을 고민해본다. 답변을 곰곰이 생각하는 동안 당신의 생각이 아니라 가슴이 전하는 말을 찾아보자. 자신이 누구이며 어떤 사람이 되고 싶은지를 궁금해하는 탐구자라는 사실을 스스로 일깨워라. 당신의 참모습이란 그저 당신이 하는 일을 의미하지 않는다. 그것은 당신의 참모습 때문에 당신이 하는 일을 의미한다.

이제 당신이 누구인지를 정확히 이해했다면, 바라건대 이를 있는 그대로 인정하면 좋겠다. 이 통찰력은 진정성과 자신감을 보이면서 더욱 자주 자신의 참모습으로 돌아가라고 격려할 것이다. 당신은 믿음과 지각, 태도 사이의 관계와 이들이 자신의 생각과 행동에 미치는 영향을 이해한다. 일상적인 사고에서 주의 깊게 방향을 설정하는 강력한 사고로 의식적으로 변화할 방법으로 무장했다. 마음가짐을 리셋했으며 이제 해결책을 모색할 준비가 끝났다. 당신은 이미 필요한 것과 원하는 것과 사이의 조화를 이룰 수 있게 되었다.

7장

일상의 여유를 되찾는 _____

_____ 시간 관리 비법

모든 것이 중요하다면 아무것도 중요하지 않다.

많은 사람들이 시간 관리에 어려움을 표한다.

일의 우선순위를 매기는 것을 어려워하고, 한번에 여러 개를 해결하려다

정작 한 가지도 제대로 처리하지 못해 애를 먹는다.

지금껏 당신은 바쁨의 존재에 대해 많은 것을 알게 되었고,

행동을 가로막는 방해 요소를 파악해 우선순위를 정하기 위한 방법까지

연습했다. 그렇다면 이제 일상을 자유롭게 만들 실천을 할 차례다.

이 장의 목적은 스트레스가 적은 생활 방식을 확립하고

언제 무엇을 할 것인지에 대한 통제권을 되찾도록 돕는 것이다.

각 주제별로 일상적인 스케줄을 정리하는 방법과 시간을 관리할 수 있는

구체적인 방법을 함께 담았다. 이제 이 도구들을 이용해 바쁨에서 벗어나고

분주하게 움직이는 일을 줄여보도록 하자. 하나하나 실행할 때마다

자신감과 자기 확신이 커지고 스스로를 책임지고 있다고 느끼게 될 것이다.

스케줄 없애기

스케줄 없애기는 시간을 편집하고 일상을 관리하는 또 다른 형태의 방식이다. 일정표에서 스케줄을 없애야만 행복을 위한 공간이 열린다. 어쩌면 스케줄을 없애라는 이 조언은 지극히 뻔한 이야기처럼 들릴 수도 있다. 하지만 끊임없이 추가되는 일정 중에 불필요한 항목이 무엇인지 확인하는 것은 반드시 필요한 과정이다. 추가적인 일이 들어올 때마다, 그 요청을 받아들이거나 새로운 무언가에 뛰어들기에 앞서 잠시 멈추어 내면의 감정을 확인하라. 의무에 부가하는 중요성을 인식하면 만족감이 커지고 스트레스가 줄어드는 방식으로 일정표를 정리할 수 있을 것이다. 이제 아래 스케줄 없애기 조언을 이용해 원하는 대로 스케줄을 편집해보자.

우선 새로운 일을 추가하기 전에 마음의 멈춤 버튼을 눌러라.

천천히 반응하는 것이다. 바로 앞에 큰 멈춤 버튼이 있다고 상상하고 초대나 상황, 혹은 비판에 반응하기 전에 그 시계를 멈춘다. 그리고 다음과 같이 자문해본다. '나는 어떤 행사를 두려워하며 참석 횟수보다 취소 횟수가 더 많은 행사는 무엇인가?' 이를 통해 자신의 동기를 파악할 소중한 통찰력을 얻을 수 있는데, 이는 어떤 의무를 일정표에 포함시킬지 여부를 결정하는 데 있어 도움이 될 것이다.

모임이나 행사에 참석했을 때는 도착할 시간과 떠날 시간을 정한다. 너무 늦게까지 파티에 남으면 다음날 아침 일어나기 어렵다. 이는 실제로 옳은 말이지만 그런 한편 비유적인 표현이기도 하다. 어떤 행사에 참석하기 전에 계획을 세워라. 그렇지 않으면 대개 심사숙고해서는 하지 않을 일을 하고 만다. 마음속에 큰 그림을 그린 다음 초대에 응하고 스케줄을 보호한다.

너무나 당연한 말이지만, 지킬 수 있는 것만 약속하는 것도 중요한 실천법이다. 당신이 동시에 여러 곳에 있을 수 없다는 사실을 기억하자. 이를 위해서는 구체적인 일정표를 작성해서 관리하는 것이 좋다. 일정표를 관리할 때는 약속, 반드시 해야 할 일, 하고 싶은 일, 그냥 하는 일을 색상으로 분류하는 방식으로 세심하게 관리해야 한다.

반드시 해야 할 일은 당신과 사랑하는 사람의 삶을 향상시키는 일들이다. 매순간 항상 일과를 가득 채우는 것은 아니지만, 이 일은 큰 그림의 일부이다. 격렬하게 혼란을 일으키지 않고 성장과 안정의 밑거름이 되며 당신과 다른 사람의 삶의 질을 높이면서 당신의 삶을 발전시키는 요소이다.

하고 싶은 일은 옆으로 밀어둘 수 있는 일이다. 하지만 반드시 필요한 일이다. 앞서 2장에서 이야기했던 필요 · 욕구 등식을 다시 살펴보고 그 공식에 따라 일정표에 하고 싶은 일을 계획한다. 보통은 그냥 하는 일이 언제나 일과를 가득 채울 것이다. 이 일은 자신과의 관계와 다른 사람과의 관계를 확대하기 위한 것이다.

이제 당신의 일정표를 살펴보자. 해야 할 일과 하고 싶은 일, 그냥 하는 일이 적절히 균형을 맞추고 있는가? 일정표가 만족스러운가? 그렇지 않다면 당장 바꾸어라. 한 번에 한 가지씩 해야 할 일, 하고 싶은 일, 그냥 하는 일을 편집하라. 다음 주에는 한 가지를 더 편집하고 세 가지 요소가 적절히 통합되었다고 느껴질 때까지 과정을 반복하라. 한 번에 한 가지씩 일정표를 복잡하게 만드는 일을 제거하거나 줄여라.

모든 것이 중요하다면 아무것도 중요하지 않은 것과 마찬가지다. 당신의 직관에 귀를 기울이고, 그 목소리를 믿어라. 그리고 무

엇보다도 공간을 비워두는 일이 필요하다. 자신에게 공간을 할애하면

창의력을 발휘할 기회와 문제 해결의 자극제를 얻는 한편, 필요한 순

간에 휴식을 취할 수 있게 된다.

'아니오'와 '네'의 횟수 정하기

앞서 다루었듯이, 더 단순하고 더 활기찬 삶을 살기 위해서는 자기 점검과 편집, 건강하게 거절하는 방법을 반드시 배워야 한다. 많은 사람들이 건강하게 이견을 제시하는 법을 배우지 못했고 이로 말미암아 갈등에 대한 두려움을 더 크게 느낀다. '아니오'는 솔직한 감정이다. 대개 무엇이 당연시되고 허용되는지를 다른 사람들에게 이해시킬 때 도움이 된다. 선택 방안들을 편집할 때 절대적으로 필요한 요소이다. '예'는 천천히, '아니오'는 빨리 전달하려면 여느 일처럼 연습이 필요하다.

'아니오'라고 말하기가 편하지 않다면 크게 영향을 미치지 않을 만한 초대와 행사에 소소하고 해롭지 않은 '아니오'를 전하는 것부터 시작하는 게 좋다. 나는 '아니오'라는 단어로 문장을 시작하지 말라고 배우면서 자랐는데, 훗날 '아니오'가 완전한 한 문장이라는 사실을 배웠다. 그렇다면 어느 쪽이 옳은 것일까? 두 가지 모두 옳다. 다음은 이 간단하지만 강력한 단어를 편안하게 전달하는 몇 가지 방법이다.

우선 거울을 보고 '아니오'라고 말하는 것에 익숙해진다. 참여하고 싶지 않은 어떤 상황을 생각해보고, 하고 싶은 일을 생각해본다. 그런 다음 그것을 염두에 두고 '아니오'라고 말하는 연습을 한다. 당당하지만 안타까워하면서 건강한 '아니오'를 전달할 수 있도록 거울을 보고 매일 적어도 다섯 번씩 '아니오'라고 말하라.

다른 사람들이 듣기 거북할 것 같은 메시지를 부드럽게 감싸는 단어의 도움을 받는 것도 좋다. '아니오'라고 말할 때면 십중팔구 상대방보다 오히려 본인이 그 말을 듣기가 힘들 것이다. 이때는 '그러나'와 '하지만'이라는 단어를 최대한 피하라. 이 단어 앞에 말한 모든 말은 가치가 떨어지거나 축소될 테니 말이다. 거절해야 할 때는 가능하면 진심 어린 감사와 찬사의 말부터 시작하고, '그래서'를 이용하면 좋다. 예를 들어서 "초대해주셔서 감사합니다. 분명히 훌륭한 행사가 될 것 같습니다. 하필 그 날 선약이 있네요. 그래서 거절해야겠군요."

또 하나 팁을 주자면 답을 할 때 '나'로 시작하는 것이 좋다. '당신' 대신 '나'를 쓰는 것은 효과적이면서 긍정적인 커뮤니케이션 테크닉이다. '당신'을 자주 쓰면 상대방이 비난이나 공격을 받는다고 느끼고 방어적인 자세를 취한다. 그러면 협력하거나 이해하려는 마음이 생기기가 어렵다. 거절의 메시지를 전달하면서 스트레스를 받을 수 있는 후속 질문, 이를 테면 "왜 안 되나요?"와 같은 말을 피하려면, 가능할 때마다 '당신' 대신 '나'를 쓰려고 노력하라. 예를 들어 "오늘은 못해요. 당신이 좀 더 일찍 부탁하셨으면 좋았을 텐데."가 아니라 "오늘은 못해요. 제가 해야 할 일이 너무 많거든요."라고 말하는 것이다.

'아니오'라고 말하기 힘들어하는 사람들은 대개 거의 모든 것에 '네'라고 대답하며 습관적으로 스케줄을 과중하게 만드는 경향이 있다. 즉흥적으로 '네'라고 대답해서 부탁받은 일의 우선순위를 앞으로 당기고, 그 바람에 정작 해야 할 일을 하지 못하는 것이다. 이럴 경우에는 '네'라는 대답을 세는 방법으로 바쁜 습관을 타파할 수 있다.

이 해결책을 실천하면 아무 생각 없이 무언가를 하거나 어디에 가겠다고 동의하는 일이 얼마나 잦은지 더 정확하게 인식할 수 있다. 의식적인 사고가 수반되는 이 단계에서 자신의 필요 · 욕구와 어울리지 않은데다가 시간까지 낭비해야 하는 약속들을 편집하거나, '반드시 해야 할 일, 하고 싶은 일, 그냥 해야 할 일'의 균형을 맞추기로 의식적으로 선택할 수 있다.

'네'라고 대답하는 횟수 세기는 다음의 몇 가지 단계로 구체화할 수 있다. 우선 계획된 일일 스케줄에 속하지 않는 어떤 일에 '네'라고 말할 때 머릿속에 기록하거나 전화에 녹음하거나 혹은 종이에 적어본다. 그리고 이때 마음을 동요시키는 감정 걱정, 죄책감, 불안, 거북함 을 의식해보자. 그 감정을 판단하지 말고 그저 인식하며 관찰하는 것이다. 드디어 하루 일과를 끝내고 잠자리에 들기 전에 그날 하루 동안 몇 번 '예'라고 대답했는지 세어보자. 그리고 그중에서 불안이나 긴장을 일으켰던 '네'를 목록에서 모조리 제거한다. 남은 것은 내일의 '네' 목록이다. 이 '네'를 없애는 것이 변화를 시작하는 과정의 중대한 단계이다.

다시 다음날이 되면, '네'라고 답할 때마다 어제의 그 목록에서 '네'를 하나 없애라. 지울 수 있는 '네'가 하나도 남지 않았다면, 그것은 그날 하루 동안 더 이상 '네'라고 말하면 안 된다는 신호이다. 만약 '네'가 남아있다면, 그것이 바로 지금 당신에게 딱 맞는 '네'의 횟수이다.

다음날에는 한 걸음 더 나아가 새롭게 정한 목록에서 '네'를 하나씩 없앤다. 수정한 개수의 '네'로 테스트를 하고, 기분이 더 좋아지는지 확인해보자. 잠시 '네'라는 대답의 이면에 숨은 메시지를 조용히 생각해보라. 연습을 계속하면 베푸는 행동이 무의식적인 의무라기보다는 의식적인 즐거움이 될 것이다.

어려움에 처한 사람에게 마음을 열고 기꺼이 도와야 하는 때
는 언제나 존재한다. '네' 테크닉을 연습한다고 해서 그런 상황을 차단
하라는 의미가 아니다. 다른 사람을 돕는 것은 멋진 일이다. 지나치게
자주 도와서 오히려 짜증스럽거나 상대방에게 끌려다니는 일만 없다
면 말이다. 우리 자신과의 관계를 포함해 모든 관계에서 경계선이 중
요하다. 미리 짐작하거나 혼란스러워할 필요가 없다. 건강한 삶을 위
한 건강한 한계가 필요할 뿐이다.

시간 길들이기

시간은 두 살짜리 어린아이와 같다. 꾸준히 관리하지 않으면 앞을 가로막는 모든 것을 망가뜨리기 십상이다. 그래서 우리는 시간을 길들여야 한다. 좋아하는 것을 밝히고 필요한 것과 도움을 받고 싶은 소망을 명확히 전달하면, 의미 있는 시간을 지키고 유지하는 데 도움이 될 것이다.

시간을 길들이려면, 온갖 혼잡함을 제거해야 한다. 혼잡함을 연상시키는 은유로서 꽃밭을 떠올려보라. 다른 식물들이 빽빽이 들어차 있다면 식물은 아름다운 꽃을 피우지 않을 것이다. 식물 아래와 주변에서 산들바람이 불며 성장을 위한 산소를 공급해야 한다. 우리의 삶도 비슷하다. 생각하며 휴식을 취할 공간이 없다면 창의력이나 평온함, 생산성을 유지할 수 없다. 혼잡함을 제거하면 당신의 마음속을 비롯해 어디에서나 공간이 생길 것이다. 혼잡함은 휴식과 상상력을 가로막는 방해 요소이다. 이를 테면 장막 뒤에 있어서 보이지 않는 혼잡함조차도 감정과 정신의 안녕에 영향을 미친다. 비록 눈에 보이지 않아도 그곳에 존재한다는 사실을 알기 때문이다. 어떤 것 아이디어, 해결책, 예술 활동, 기술, 성공 등 이 성장하려면 모든 면, 즉 영적인 면, 지적인 면, 실용적인 면에 공간이 필요하다.

우선 공간의 혼잡함을 없애려면 타이머를 설정하고 혼잡함 제거 과정을 시작하기 전에 5~10분 동안 시간을 가져라. 그 다음 물건의 자리만 옮기지 말고 제거하는 데에 집중하도록 한다. 어떤 물건에 한 번 손을 댔다면 그것을 보관할지, 버릴지 아니면 다른 목적으로 사용할지 결정하라. 6개월 이상 쓰지 않은 물건인데도 보관해야 할지 갈피를 잡지 못하겠다면 십중팔구 버릴 때가 되었다는 의미다. 누구에게나 옷장이나 책상, 방에 그런 물건들이 있다. 한 번에 한 구역을 정해서 새로운 집을 찾기 위해 기다리고 있는 물건들을 골라냄으로써 공간에 생기를 불어넣어라. 1년 규칙을 이용하는 것도 좋은 방법이다. 어떤 물건을 1년 동안 건들이지 않거나 입지 않거나 사용하지 않았다면 다른 목적으로 사용하거나 기부할 때가 왔다는 뜻이다.

그리고 시간의 혼잡함을 없애려면 좋아하는 것과 싫어하는 것을 파악해야 한다. 좋아하는 것과 싫어하는 것을 확실히 모르면, 결국 시간을 보내는 방식을 고민하게 될 것이다. 예컨대 요리하는 것을 좋아하지 않는다면 저녁 식사를 정성스럽게 차리겠다고 계획하지 마라. 제시간에 퇴근하고 싶다면 근무시간이 끝날 무렵에 어떤 대화나 프로젝트를 시작할지 신중하게 생각하라. 진지하게 장기적으로 영향을 미치는 문제를 선택할 때와 마찬가지로 일상적으로 좋아하는 것과 싫어하는 것을 신중하게 생각하라. 아래의 조언을 참고하면, 신속하고 현명하게 시간의 혼잡함을 제거하는 데에 도움이 될 것이다.

> 하나 어떤 일이 즐거운지를 의식적으로 인식할 때 시간의 혼잡함을 편집하기가 더 쉬워진다. 특정한 업무나 의무의 중요성과 그것에서 얻는 즐거움의 균형을 맞춰라.
>
> 둘 자신의 가치관을 존중하라. 기회를 주면 가치관이 어떤 선택을 하라고 알려줄 것이다
>
> 셋 시간의 혼잡함을 편집하는 과정에서 타고난 기질을 지표로 꾸준히 활용하라.

시간을 길들이는 일은 가정의 일상적이고 사소한 부분에서도 필요한 일이다. 예를 들어 전날 밤에 다음날의 일상을 준비한다거나, 시간 절약을 위해 온라인으로 반조리 식단을 미리 주문해놓는다든가 하는 일들 말이다. 하지만 무엇보다 문제가 되는 것은 직장 생활이다.

많은 사람들이 직장의 크고 작은 일들을 처리할 때 상황에 끌려다니며 시간의 혼잡함에 머리 아파한다. 이런 이들에게 몇 가지 조언을 하자면, 다음의 네 가지 규칙들을 꼭 기억하라고 말하고 싶다.

우선 첫 번째로 업무는 직장에서 처리하는 것을 기본으로 해야 한다. 다시 말해 가능하면 일거리를 집에 들고 오지 않는 것이다. 물론 피치 못할 때가 있다. 하지만 그런 경우는 관행이 아니라 예외로 둔다는 것이 핵심이다. 그 편이 생산성과 건강에 더 유익하다.

두 번째로 주목적에 집중해야 한다. 직장에서 관계는 중요하다. 관계 덕분에 업무 경험이 더 포괄적이고 즐거워질 수 있다. 직장 동료와 끈끈한 관계를 맺고 공통점을 찾으면 직장 생활이 전반적으로 향상될 수 있다. 하지만 지나치게 친해지는 일은 피해야 한다. 그렇지 않으면 업무 생산성이 떨어질 뿐만 아니라 어려운 선택을 해야 할 때 의사 결정에 영향을 받을 수 있다.

세 번째로 위임을 제대로 활용한다. 성공적으로 일을 맡기려면 간결하고 명확한 커뮤니케이션이 필요하다. 필요한 것을 확실히 밝히고, 도와주면 어떤 변화가 일어날지 위임받을 사람에게 긍정적으로 표현한다.

네 번째, 자신이 어떤 경로에 있는지 명확히 밝히는 한편 다른 사람의 경로를 무작정 따라가는 것을 피해야 한다. 즉 이는 지나친 도움으로 문제를 해결하는 것은 효과적이지 않다는 말이다. 경로를 자주 바꾸면 시간을 낭비하게 된다. 필요할 경우 행동 이면에 숨은 의도를 평가해서 수정하고 자주 검토하면, 자신의 경로에 벗어나지 않을 것이다.

관점을 바꿔 상황을 재정의하기

여태껏 살펴보았듯이, 모든 것이 관점에 달려있다. 많은 사람들이 예측하지 못한 어려움과 예상치 못한 상황이 발생하면 당황스러운 나머지 침착함을 잃고 당당하게 대응하지 못한다. 두려움과 혼란에 빠진 채 반응하기에 급급한 것이다. 일단 두려움에 사로잡히면 아드레날린이 분비되기 시작하면서 맑은 정신으로 생각해서 해결책을 찾는 능력이 둔해진다. 상황을 헤쳐나가기 위해 익숙한 습관에 의존하면서 문제를 되풀이하고, 그 결과 색다른 관점으로 상황을 볼 수 있는 가능성은 줄어든다.

삶이 던지는 예상치 못한 커브볼에 성공적으로 대처할 수 있는지 여부는 태도나 관점과 밀접한 관계가 있다. 두려움을 가라앉히면 두뇌가 좀 더 효과적으로 작동해 문제 해결과 감정 처리를 관할하는 영역을 자극할 것이다. '할 수 있다'는 태도가 반드시 필요하다. 우리는 대개 기대에 따라 행동한다. 그러니 최고의 결과를 기대하지 않으면 어떻게 될까?

관점을 변화시키면 어떤 상황을 문제가 아니라 기회라고 해석할 수 있다. 나는 이렇게 관점을 바꿔 상황을 재정의하는 일을 '플립 FLIP'이라 일컫는다. 어떤 경험을 설명할 때 사용하는 단어들을 바꾸면 초점을 바꾸고 가능성에 대한 시각을 넓힐 수 있다. 해변에 서서 바다를 바라볼 때 우리 눈에 보이는 경치가 있다. 하지만 바다가 내려다보이는 절벽에 위에 서면 훨씬 더 드넓은 경치가 보인다. 관점을 바꿀 때 필요한 것은 뒤로 물러서는 한 걸음이며, 이때 플립을 실천하면 효과적이다.

예를 들어 '나는 살을 빼지 못한다. 살을 빼기가 너무 어렵고 시간도 없다'는 문제 상황에 놓였다면, 플립을 이용해서 '살을 뺄 기회가 있다. 그것은 도전이며 나는 그 도전을 완전히 정복할 준비가 되어 있다'로 관점을 바꿔볼 수 있다. '나는 관계가 끝날까 봐 두렵다. 상실감을 느끼며 이 관계에 계속 머물러야 하는지 자문하고 있다'라는 문제 상황이라면, '관계에서 원하는 것을 재발견할 동기가 생겼다. 필요한 것이 무엇인지 궁금하다'로 상황을 다시금 바라볼 수 있다. '이런 일이 일어나서 속이 상한다'라는 마음에 힘들다면, '내 앞에 놓인 기회를 순순히 받아들인다. 그것은 오로지 나를 위한 것이며 나는 그 것을 이용해 변화할 것이다'라고 플립을 적용해 새로운 기회를 찾을 수 있다.

이렇게 플립 선언문을 반복하게 되면, 낡은 생각의 부정적인 기운을 물리칠 수 있게 된다. 플립 선언문을 이용해 원하는 것을 강화하는 한편 목표를 일깨우는 주문으로 삼는 것이다. 아침에 일어나자마자 가장 먼저 플립 선언문을 반복하고 하루 종일 되도록 자주 반복한다. 일과가 끝나고 밤에 불을 끄기 직전에 마지막으로 선언문을 생각한다.

플립에 대해 확신이 없거나 의혹이 생기는 사람들을 위해 내 이야기를 조금 하고자 한다. 어려운 시기가 찾아왔을 때 플립을 이용하면서 내게는 큰 변화가 일어났다. 당신에게도 그런 일이 일어나길 바란다. 처음에 작성한 플립 선언문이 의심스럽다 하더라도 상황을 개선하겠다는 마음만 있다면, 당신이 사용하는 단어들을 그 마음에 맞춰 바꾸고 행동을 강화할 수 있다. 그러면 큰 변화가 일어날 것이다.

2012년 크리스마스를 이틀 앞둔 날, 내 회사가 위치한 건물이 강한 폭풍으로 말미암아 물에 잠겨 순식간에 우리 정강이까지 물이 차올랐다. 비즈니스 파트너와 나는 개조 공사로 수십 만 달러를 썼는데 대부분 불과 1년 전에 공사했던 것이었다. 그 손실로 우리는 큰 타격을 받았으나 여파가 그리 오래 가지는 않았다. 우리는 그 재난을 기회라고 의식적으로 생각하는 방법을 선택했다. 곧바로 원하는 것을 향해 전진하기 위해 무엇을 할 수 있는지에 초점을 맞추었다. 당시 우리에게 남겨진 선택 방안을 고려했다. 이를 테면 비용이 덜 드는 건물로 이전하거나, 훨씬 더 근사하게 개조 공사를 해서 리모델링하거나, 직장 밖에서의 생활을 더욱 즐기고 싶다는 우리의 소망을 반영해서 비즈니스 모델을 다시 바꾸는 등의 방안들이었다. 물론 우리는 손해를 입었지만 공사 계약업체에게 그것은 리모델링 작업을 새로 해서 수익을 거둘 수 있다는 뜻이었다. 우리 스튜디오의 이사를 맡은 이삿짐업체와 새로 입주한 건물의 소유주도 우리가 겪은 일 때문에 이익을 얻었다. 우리가 상황을 이렇게 바라보기 시작하자, 우리가 새롭게 처한 상황은 우리 이외에 여러 사람에게는 예상치 못한 기회로 여겨졌다. 파괴보다는 건설에 초점을 맞출 수 있었던 것은 이런 우리의 태도 때문이었다. 도전이나 고난이 없지는 않았다. 그래도 모험을 하는 동안 플립 선언문을 이용해 우리가 선택한 것에 대한 명확한 시각을 유지했고, 그 덕분에 초점과 영감을 잃지 않았다. 침수가 일어난 날, 나는 '문제에서 빛과 영감을 발견하라Find Light and Inspiration in the

Problem'를 의미하는 말의 앞머리 글자를 따서, 이 관점 바꾸기의 이름을 '플립 FLIP'이라고 정했다.

침수가 나서 사무실 공사를 하던 문제 상황에서 비즈니스 파트너와 나는 두려움, 손실, 실패, 걸림돌 등의 단어로 상황을 바라봤다. 하지만 플립을 이용한 후, 우리는 똑같은 상황을 기회, 발견, 제안, 모험, 선택, 디딤돌 등으로 재정의할 수 있었다. 플립을 선별적으로 이용하면 상황에 대한 해석이 바뀌고 그러면 결과도 반드시 바뀌게 된다. 플립을 실천하는 습관을 기르면 이를 규칙적으로 이용해 긍정적인 변화를 일으킬 수 있는 것이다.

건강한 경계선 정하기

줄기차게 돕기만 하고 다른 사람들의 부탁을 무조건 수용하다 보면, 비현실적인 기대를 품으며 시간을 낭비하는 습관에 쉽사리 빠질 수 있다. 바쁨에는 경계선이 없다. 계속해서 전진할 뿐이다. 육지가 보이지 않는 망망대해에서 무작정 노를 젓는 것과 비슷하다. 누군가 나타나 당신을 구조하기를 바라면서 계속 앞으로 나갈 뿐이다. 이런 말이 낯설지 않다면 이제 새로운 경계선을 정할 때가 왔다는 뜻이다.

경계선의 목적은 다른 사람을 쫓아내는 것이 아니다. 경계선은 나의 자아를 보호하며 유지할 수 있도록 개인 공간을 지키기 위한 것이다. 건강한 경계선을 정하는 것은 건강한 관계와 개인의 행복을 유지하는 근본적인 요소이다. 사람들은 대부분 이를 이해하고 우리가 정한 경계선을 존중한다. 하지만 그 경계선이 일관적이지 않다면 누군가 우리의 경계선을 넘더라도 당사자가 그 사실을 알 수 있는 실마리가 없다. 이런 경우 우리는 흔히 짜증이나 화를 내며, 잘못 정해진 우리의 경계선을 스스로 넘어버린다. 그러니 자신의 한계를 이해해서 효과적인 경계선을 정하는 게 필요하다. 새로운 경계선을 정할 때 다른 사람의 거부를 받을 수 있다. 새로운 경계선 때문에 변화가 일어나면, 이에 대한 반응으로 이런 일이 종종 일어난다. 경계선을 정하고 실천하는 과정에는 학습 곡선이 따른다. 하지만 일단 이 과정을 마치면 시간을 관리할 수 있는 더 유리한 위치에 도달할 것이다.

건강한 경계선을 만들기 위해서는 자신의 감정 상태를 명확히 인식해서 스스로에게 깃발 신호를 보내보자. 몹시 화가 나거나 불편하다는 감정이 든다면, 이런 감정은 스스로 정한 경계선의 한계에 이미 도달했다는 신호라 할 수 있다. 이때 노란 깃발은 잠시 멈추어 평가하라는 의미이다. 상대방의 부탁을 정말 들어줘야 하는지 평가하라. 스스로 정한 한계에 너무 바짝 다가온 부탁은 아닌가? 혹은 상황이나 요청을 바꿔서 좀 더 편해질 방법이 있는가? 빨간 깃발은 당장 멈추어 감정을 전달해야 한다는 의미이다. 이는 당신이 한계에 도달했고 이 사실을 전달할 때가 왔다는 확실한 신호이다. 단호하지만 상냉한 태도로 당신을 불편하게 만든 일을 왜 수용할 수 없는지 확실히 밝힌 다음 자신의 경계선과 수용할 수 있는 일을 다시금 설명하라.

그리고 다른 사람의 요청을 받아들이기 전에 본인이 처리해야 할 일이 없는지 먼저 살펴볼 필요가 있다. 본인의 긍정적인 기분을 해치지 않고 상대방의 부탁을 들어줄 시간이 있는지 확인한다. 경계선을 표현할 때 에둘러서 말하지 마라. 상대방과의 관계와 상대방의 의사전달 방식에 주의를 기울이면 의사를 전달하기가 쉬워진다. 이것이 직접적이고 공감하는 방식으로 요지를 전달하는 과정의 핵심이다. 또한 이렇게 경계선을 정했다면, 경계선을 고수함으로써 탄탄하게 확립해야 한다. 당신이 더 이상 그토록 많은 일을 하지 않게 되면, 주변 사람들도 더 이상 그토록 많이 기대하지 않을 것이다. 경계선을 일종의 계단 난간이라고 생각하면 어떨까? 난간이 있으며 누구든 계단을 좀 더 편하게 이용할 수 있다.

건강한 경계선을 유지하기 위해 좋은 방법 중 하나가 나만의 주문을 만들어두는 것이다. 강력한 문구는 주의를 산만하게 만드는 생각을 가라앉히고 사고와 인식을 자극한다. 큰 그림에 계속 초점을 맞추고 원치 않는 결정을 내리지 않기 위해 무장할 수 있는 또 다른 도구인 것이다. 4~6개 단어로 필요한 것과 원하는 것을 표현한 문구를 만들고, 하루에 적어도 세 번씩 또는 자극제가 필요할 때마다 이 문구를 반복해보자. 어떤 상황이나 행사, 발표를 준비하고 있거나 자신감을 더 키워야 할 필요가 있을 때 주문을 외우면 임무를 계속 수행하는 데 도움이 될 것이다. 종이에 주문을 적고 주머니나 지갑에 넣어 필요할 때마다 봐도 좋고, 욕실 거울이나 냉장고 등에 붙여서 자주 볼 수 있으면 더 좋다. 다음은 내가 가장 좋아하는 몇 가지 주문이다.

하나 나는 나의 생각을 존중한다.

둘 지금 당장 실행한다. 다만 영원히 실행할 필요는 없다.

셋 내가 원하는 것에 초점을 맞춰 생각한다.

넷 판단하지 않고 경청한다.

다섯 그때의 그 경험을 다시 떠올려라.

특히 두 번째 주문은 이를 테면 '운동하기'나 '군것질하지 않기'처럼 유익하다는 것을 알면서도 실천하기 힘들 때 큰 도움을 받곤 했다. 또 네 번째 주문은 다른 사람의 논리나 행동, 생각을 판단하는 내 모습을 발견할 때마다 도움이 되었다. 다섯 번째는 내가 방해 요소를 받아들이는 바람에 가족이나 사랑하는 사람들에게 소홀해졌던 순간을 떠올리도록 해주는 말이었다. 그래서 이 말을 떠올릴 때마다 타인에게 안 된다고 말하고 내가 정한 경계선을 유지하는 데 커다란 도움이 되었다. 이와 마찬가지로 당신도 당신에게 필요한 주문을 완성하고 건강한 경계선을 지켜나가도록 하자.

당당하게 부탁하기

도움을 청해서 손해 볼 것은 없다. 오히려 도움을 청하지 않으면 기회를 잃을 것이다. 다른 사람을 도우면 흐뭇해진다. 돕는 것은 건강한 생활을 위한 원칙이며, 도움이라는 직접적인 행위보다 이것에 따르는 혜택이 영향을 미치는 범위가 더 넓다. 도움은 우리의 행복 호르몬을 분비시켜 혈류를 자극하고 스트레스 호르몬과 긴장, 불안을 줄여준다.

하지만 이렇게 남을 도우려는 본성 때문에, 오히려 다른 사람들에게 도움을 청하는 것을 힘들어하는 경우가 많다. 당신이 항상 도와주기 모드를 유지한다면 다른 사람들이 언제 도움의 손길을 내밀고 흐뭇해할 기회를 가지겠는가?

다음 몇 가지 질문에 대해 곰곰이 생각해보자.

하나　내가 나서서 어떤 일을 하지 않으면 아무도 하지 않을 것이라는 생각을 자주 하는가?

둘　다른 누군가가 어떤 업무를 수행하면 당신이 원하는 방식대로 처리되지 않을 것이라고 믿는가?

셋　다른 누군가에게 도움을 청하기보다는 해야 할 일을 직접 하는 편이 더 쉬운가?

넷　누군가에게 의지해 도움을 받지 못한다는 생각이 자주 드는가?

다섯　아무도 나를 도와주지 않는다고 생각하는가?

이런 질문에 대체로 '그렇다'라고 답했다면 당신은 분명 탁월한 조력자이다. 그리고 다른 사람들이 당신을 돕지 않는 것은 혼자서 잘하고 있다고 생각하기 때문이다. 도움을 청하기가 어려운 이유를 확실히 파악하지 못했다면 5장으로 돌아가 생각 편집법의 다섯 단계를 실천하도록 하자. 도움을 청하기가 어려운 정확한 이유를 찾았다면 이제는 당신이 필요한 것을 과감히 부탁할 차례다.

이때 다른 사람들에게 도움을 구하는 것을 좀 더 수월히 실천하려면, 당신이 잘할 수 있는 부탁의 기술을 개발하는 것이 좋다. 부탁을 하려면 당신이 필요한 것을 밝히고, 이것이 어떤 식으로 당신에게 도움이 되는지를 구체적으로 밝혀야 한다. 그리고 당신을 도울 경우, 그 상황에서 어떤 독특한 특성과 능력을 발휘할 수 있으며 어떤 혜택을 얻을 수 있는지 얘기해주는 것도 필요하다. 그런데 무엇보다 중요한 것은 이 과정을 당신의 언어로 만들어서 표현하는 것이다. 그래야만 현재 순간에 집중하고 부탁의 중요성을 확인하며 부탁할 때 옆길로 새지 않도록 도울 수 있다. 아직 타인의 도움에 익숙하지 않은 당신이 부탁할 때 불편함을 느끼는 것이 당연한 일이다. 어쨌든 당신의 부탁하는 정신 근육은 튼튼하지 않다. 이두박근을 키우듯이 이 근육을 키워야 한다. 자주 연습할수록 더 쉬워질 것이다.

절묘한 부탁은 여러모로 이로울 수 있는 바쁨 타파 해결책이다. 우선 부탁하는 사람과 돕는 사람 사이에 파트너십이 생길 수 있다. 같은 목표를 위해 협력할 때 일체감이 생긴다. 시간을 절약하는 동시에 공유할 수 있는 것이다.

분주함 평가하기

만일 하루 일과에 지나치게 많은 일을 추가하는 경우가 잦다면 이제 재평가하고, 재고하고, 재부팅해야 할 때가 왔다. 분주해야 할 필요가 있는지, 그리고 그런 분주함이 당신의 일과를 얼마나 좀먹고 있는지 판단해보자. 언제든지 일과를 다시 시작하고 재빨리 궤도로 돌아갈 수 있는 밑틀을 다지는 것이다. 이때 다음의 질문들이 생각을 정리하는 데에 도움이 될 것이다.

하나 정말 필요한 일일까?

둘 만약 그 일을 하지 않을 경우, 나에게 일어날 수 있는 가장 나쁜 일은 무엇일까?

셋 더 이상 분주하지 않다면, 어떤 좋은 일들이 일어날 수 있을까?

넷 다른 누군가가 할 수 있는 일은 아닐까?

다섯 우선순위를 정해서 시간을 바꾸거나 아예 포기할 수 있
지 않을까?

이 질문들을 계속 자문해보면서, 자신의 소망을 좀 더 의식적
인 사고의 수준으로 끌어올린다. 이제 당신이 나아갈 방향을 찾았다
면, 당신이 원하는 것이 무엇이며 어떤 상황이 가치가 있는지 여부를
한 번에 한 가지씩 평가하라. 그러면 해결책을 채택해서 시간을 절약
하는 습관으로 바꾸기가 좀 더 쉬워진다는 느낌이 들 것이다.

일과에서 바쁨을 없앨 수 있는 또 다른 멋진 방법은 5분 동안
쉬면서 그 순간의 방향을 조정하는 것이다. 바쁨의 길에서 벗어나 제
궤도로 돌아오기에 5분이면 충분하다는 사실이 무척 인상적일 것이다.

우선 호흡에 집중한다. 코로 들이마셨다가 입으로 내쉬며 다
섯 번 심호흡을 하면서 시작한다. 그 다음 소리를 내지 말고 머릿속으
로 '나는 내 정신과 생각을 가라앉혀서 해결책을 전하는 내 목소리를
듣고 있다'고 반복해서 되뇌인다. 이제 당신이 왜 그 행동이나 생각을
그만둬야 하고 그만두고 싶은지, 그 이유를 세 가지 이상 찾아보자. 마
지막으로 당신이 찾은 이유를 토대로 다음의 문장을 완성해보자.

• • •

나는 .... 이 더 중요하기/만족스럽기/지속적

이기 때문에 내 일과의 방향을 수정하기로 선택한다.

이 방향 수정 선언문을 최대한 자주 반복해 스스로에게 들려

주고, 이에 맞춰 당신의 일과를 재조정해보자.

모든 전원을 끄고 휴식하기

당신은 몽상을 좋아하는가? 그저 자연을 즐기기 위해 멍하니 하늘을 바라본 적이 있는가? 텔레비전이나 컴퓨터를 켜지 않고 앉아서 음식의 맛을 음미하며 식사를 하는가?

반대의 질문도 던질 수 있다. 아침에 일어나마자 전화기부터 잡고 있진 않은가? 배우자나 아이들과의 대화보다 소셜 미디어를 더 자주 확인하고 있진 않은가? 단 1시간이라도 전자 장치의 전원을 모두 끈 적이 있는가?

요즘 같은 이런 세상에 이런 질문을 하는 내가 제 정신이 아닌 것처럼 느껴질지도 모른다. 하지만 이제 이런 장치들을 켜는 것이 건강과 평온함, 일상적인 스케줄에 어떤 영향을 미치는지 생각해야 할 때가 왔다.

소셜 미디어에서 보내는 평균 시간은 약 1시간 반~2시간 반이다. 2016년 『뉴욕 타임스New York Times』의 보도에 따르면 안타깝게도 하루에 독서하는 시간은 고작 30분이다. 바라건대 당신이 이 책을 읽으면서 그 30분을 보내고 있으면 좋겠다.

마음이 복잡할 때는 상상력과 기쁨, 평화를 위한 공간이 존재하지 않는다. 오로지 존재하기 위해서 쉬어야만, 마음이 평온해지고 창의력과 문제 해결, 그리고 집중력 향상을 위한 공간이 생긴다. 이때 침묵의 소리는 건강을 위한 자연의 특효약이며 자양분이 풍부한 몸과 마음의 휴식이다. 스스로에게 플러그를 뽑아도 좋다고 허락하라. 플러그를 뽑는 것의 가치를 사랑하는 사람과 공유하는 것도 이에 못지않게 중요하다. 생각을 떨치고 마음을 열며 에너지를 재충전하고 삶의 질을 높일 새로운 방법을 찾아라. 이 모든 것이 당신의 시간을 절약하고 기분을 끌어올릴 것이다.

이를 위해서 가장 중요한 것은 매일 전자 장치를 사용하지 않는 시간을 정하는 것이다. 전자 장치에 심하게 중독되었다면 매일 2~3분으로 시작해서 20분이 넘을 때까지 매주 조금씩 시간을 늘린다. 항상 플러그를 빼놓는 구역을 정하는 방법도 효과적이다. 이를 테면 식사 시간이나 취침 시간에는 장치를 사용하지 않기로 결정하는 식이다. 잠들기 전에 전화와 랩톱, 태블릿을 끈다.

또한 산책하거나 앉아서 생각하거나 혹은 명상하거나 정원을 가꾸면서 물리적인 자아와 영적인 자아를 존중하는 시간을 가져보자. 전화와 다른 전자 장치 때문에 주의가 산만해지지 않을 때 어떤 느낌인지 주목해보는 것이다. 대화를 더욱 확실하게 기억하고 순간을 더욱 생생하게 회상할 수 있게 될 것이다. 결국 그런 경험은 몸과 마음, 정신과 영혼에 연결되는 과정에 한 역할을 담당한다.

이제 15분 동안 휴식을 취하는 간단한 방법으로 에너지의 방향을 수정할 때가 왔다. 편하게 누워서 쌓아놓은 베개에 다리를 걸친다. 무릎이 머리보다 높고 발은 무릎보다 약간 높아야 한다. 다리와 무릎을 90도 각도로 구부려서 엉덩이 넓이만큼 벌리고, 눈을 감은 뒤 팔은 옆구리 옆에 편안하게 놓는다. 15분 동안 코로 숨을 들이마시고 입으로 내쉰다. 호흡에 계속 집중한다. 이처럼 생기를 회복하는 시간을 가지며 '지금 여기'에 진정으로 존재한다.

처음 7분가량이 지나면 심장이 규칙적으로 박동하고 맥박이 느려지면서 몸에 긴장이 풀린다는 신호를 느낄 것이다. 다리를 올리면 다리에서 심장으로 돌아오는 혈류는 물론이고 온몸을 통과하는 혈류가 활성화된다. 이처럼 혈류가 생기를 되찾으면 세포가 회복되어 편안함과 상쾌함을 느끼게 된다.

전자 장치를 지속적으로 사용하면 중요성에 대한 인식이 왜곡된다. 언제나 바쁘게 움직이다 보니 긴장이 증가하며 주의가 산만해지는 습관이 심해진다. 전화는 기술의 단편일 뿐이지 친한 친구가 아니다. 그런 까닭에 플러그를 빼고 삶의 활력과 다시 연결할 필요가 있다.

드디어 여기까지 왔다. 당신은 문을 열어젖히고 바쁜 습관을 드러냈으며 새로운 접근 방식을 삶에 도입했다. 이제 더 자유로워졌고 삶을 즐길 준비가 끝났다. 여가 시간을 게으름이라고 치부하지 않으며, 성과에 따르는 인정보다 일을 줄이는 것이 더 보람이 있다고 단언할 수 있게 됐다. 당신이 하는 일이 아니라 당신의 참모습을 기준으로 자신을 인정할 준비가 됐다. 만일 일상의 속도가 빨라져 예전의 바쁜 속도로 돌아가려는 징조가 보인다면, 바쁨으로 뛰어들기 전에 책을 꺼내어 해결책이나 의식적인 연습으로 먼저 뛰어들어라. 그러나 부디 당신에게 그럴 일이 없기를 진심으로 기원한다.

바쁨과 헤어지기 위한 일상 안내서

여기에서는 바쁨에서 벗어나기 위해

한 주에 하나씩 해볼 수 있는 52개의 지침을 소개하고자 한다.

이는 깊이 새기려고 벽에 붙여놓고 매일 보는 단어장과 같다.

의식적인 사고로 당신의 일상을 환기시키고, 바쁨에서 벗어나기 위한 미션을 실천해보자.

시간을 보내는 방식을 바꾸면 삶을 살아가는 방식이 크게 바뀔 수 있다.

1. 횡적 태도를 채택하라

태도가 가장 중요하다. 계획하고 있거나 앞으로 떠날 휴가에 대해 이야기하기 시작하자마자 기분이 금세 달라지는 것을 느낀 적이 있는가? 이것이 바로 횡적 태도이다. 휴가를 떠났다는 생각만 해도 모든 것이 근사해 보인다. 이는 짧은 시간 안에 스트레스를 줄이고 일을 처리해야 한다는 정신적인 압박감을 해소시키는 방법이다. 이번 주에 짧은 휴가를 떠날 수 있다면 떠나라. 그냥 재미 삼아 외출을 계획하고 이번 주의 하루를 특별한 날로 만들어라. 비록 1시간짜리 일탈에 지나지 않더라도 여느 휴가와 똑같이 계획을 세워라. 물리적으로 떠날 수 없다면 정신을 횡적 사고 속으로 보내라. 그러면 사실 한 번도 생각해본 적이 없는 어딘가를 발견할 수 있을 것이다. 이런 과정을 거치면, 한층 좋아진 기분으로 당면 과제에 대처할 수 있게 된다. 태도가 개선되면 일상의 모든 일에 더 생산적이고 긍정적이며 철저하게 준비할 수 있다. 그러니 샌들과 선크림을 챙겨라. 이제 휴식을 취하고 에너지와 유머 감각을 회복시킬 때가 왔다.

2. 호기심을 가지고 감동하라

호기심을 가지고 감동하며 시간을 존중하는 일에 초점을 맞춰라. 호기심이 없거나 감동을 느낄 수 없는 일이라면, 스케줄에 추가하지 마라. 호기심이 상상력과 학습, 기억력을 자극할 수 있다. 두뇌의 해마상 융기가 네온사인처럼 밝혀져서 행복 화학 물질인 도파민을 분비시킨다. 호기심만 품으면 이 모든 것이 가능하다. 감동을 받으면 무관심하던 사람이 희망적으로 변할 수 있다. 호기심을 가지고 감동을 받을 때 더 편하게 문제를 해결하고 일상적인 스트레스를 관리할 수 있다. 호기심이 있는데 판단하거나, 감동받았는데 냉담하게 굴기란 어렵다. 자신을 감동시키는 존재가 되는 한편 그런 존재를 찾아라. 그러면 세계를 경험하는 방식이 변화할 것이다.

3. 금요일의 마음 상태를 유지하라

하루 휴식을 취하면 건강에 좋다는 연구 결과가 있다. 기분이 더 좋아지면 더 건강해질 것이다. 요컨대 초주검이 되어서 병가를 내고 동료 직원들이 공백을 메워야 할 상태까지 몰고 가는 대신, 하루 휴가를 계획하라는 것이다. 그러면 다른 사람들에게 염치가 없거나 부당한 일을 한다는 죄책감이나 걱정에서 자유로워질 수 있다. 어느 날 쉴 것인지 계획해서 팀원들을 미리 준비시키고, 필요하다면 추가 근무를 정해서 줄어들 수입을 보충한다. '하루 쉴 만한 시간이 없다'는 생각이 든다면 그것은 정말 하루를 쉬어야 한다는 빨간불이 켜진 것이다. 어쩌면 온종일 쉬는 것이 가능하지 않을 것이다. 그렇다면 조퇴를 계획해서 몇 시간 동안 의무가 아닌 다른 일을 하라. 자유롭다는 기대감으로 금요일의 마음 상태를 얻을 수 있으니 기분이 좋아질 것이다.

4. 명상을 통해 활력을 얻어라

명상은 혈압을 낮추고 만성 질환과 불안을 완화시키는 한편, 기분과 면역 체계를 향상시킨다. 또한 창조적인 문제 해결과 감정 및 행동 관리를 관할하는 두뇌 영역을 자극한다. 명상할 때 생산적인 사고가 활성화되며 그러면 경로에서 벗어나지 않을 수 있다. 이따금 필요한 것은 초점을 유지하고 바쁨의 함정에서 벗어날 수 있는 정신 리부팅뿐이다. 의식적인 리부팅을 위해 1분을 따로 떼어두거나 앞서 소개한 3분 명상법을 다시 읽어라. 아침과 밤에 각각 한 번씩 진행하면 정신이 맑아지고 주의를 산만하게 만드는 생각을 잠재울 수 있다.

5. 빠르기를 정하라

자신의 속도를 인정하고 오늘 한 가지 바쁜 습관을 없애겠다고 약속하라. 속도를 늦춰라. 당신은 그럴 만한 가치가 있다.

6. 큰 그림을 그려라

현재 당신의 삶이 어떤 모습인지 판단해야 한다. 어떤 모습이든 상관없이 그것은 당신의 선택을 그대로 반영할 것이다. 큰 그림을 잠시 검토하고 '내가 원하는 것을 얻기 위해 무엇을 해야 할까?'라고 자문하며 하루를 시작하라. 그런 다음 매일 그 방향으로 나아갈 수 있는 한 가지 조치를 취하라. 하루나 한 주, 길게는 한 달이 흘러도 목표를 성취하지 못할 수 있다. 하지만 당신이 이 큰 그림 속에서 하루하루를 살아간다면, 어느 순간 목표가 훨씬 더 가까워지고 명확해지며 만족감과 자신감으로 충만해질 것이다.

7. 우선순위를 정하라

프로젝트에 할애하는 시간과 큰 그림에 할애하는 시간의 균형을 맞춰야 한다. 이 일이 반드시 필요할까? 이 일을 하지 않으면 내 하루가 크게 달라질까? 각 질문을 1분 동안 생각한 다음 우선순위에 맞는 결정을 내려라.

8. 의도를 밝혀라

쳇바퀴 위의 다람쥐처럼 계속 달리고 싶은 사람은 아무도 없다. 시간은 더할 나위 없이 소중하므로 쳇바퀴를 돌며 제자리에 머물 수 없다. 행동하기에 앞서 의도를 정해서 쳇바퀴 돌기를 피해야 한다. 이는 의식을 즉각적으로 일깨우는 일이다. 목적이 있는 행동을 강조하는 의식적인 연습인 것이다. 의도가 담긴 말은 효과적이고 긍정적인 방식으로 행동과 선택을 유도한다. 결정을 내리기 전에 다음 두 가지 질문을 자문하면서 자신의 의도를 의식적으로 확인하라. '나는 어떤 의도로 이 행동을 하는 걸까?', '이렇게 행동하고 나면 어떤 기분일까?' 의도는 생각을 동력원으로 이용해서 원하는 것이 있는 쪽으로 당신을 이끈다. 쳇바퀴 돌기는 이제 그만하라!

9. 자연과 관계를 맺어라

자연은 아무것도 요구하지 않으면서 우리 곁에 온전히 존재한다. 애완동물도 우리에게 이와 똑같은 사랑의 관계를 제공한다. 적어도 오늘 하루는 땅, 하늘, 산들바람, 그리고 무조건적인 사랑과 우리가 거주하는 생태계에 균형을 주는 동물에게 감사하는 시간을 가져라.

10. 당신의 가슴에 귀를 기울여라

특히 어떤 결정 때문에 고민하고 있다면 가슴에 손을 얹고 귀를 기울여라. 다섯 번 정도 깊이 숨을 들이마시고 내쉬며 머릿속에 있는 모든 생각을 지워라. 그리고 가슴에게 말할 기회를 주어라. 머리로 생각하지 말고 가슴이 하고 싶은 말을 느껴라. 언제나 진실을 전하는 가슴에 귀를 기울이는 연습을 하라.

11. 단절하고 다시 연결하라

내면의 힘을 키우려면 방해 요소와 단절하고 사랑과 기쁨, 평화와 다시 연결해야 한다. 오늘이나 이번 주에 적어도 15분 동안 내부 영역에 속한 한 사람과 의식적으로 시간을 공유하라. 계속 가볍고 재미있게 대화를 이끌어나가야 한다는 점을 명심하라. 전자 장치를 멀리 하라. 우리는 사랑하는 사람들을 바라볼 때 행복 호르몬인 옥시토신이 활성화된다. 전자우편이나 문자로는 일어나지 않는 현

상이다. 관계를 맺고 나면 기분이 한껏 좋아질 것이다. 에너지 수준
이 높아지고 기꺼이 긍정적인 것에 초점을 맞출 수 있게 된다.

12. 예상치 못할 일을 예상하라

삶은 흘러간다. 그리고 이 과정에서 예상치 못한 일이 흔히 일어난
다. 올바른 마음가짐은 예상치 못한 일에서 야기되는 공포나 혼돈
을 변화를 위한 가능성으로 바꿀 최고의 도구이다. 두려움의 대상
이 아니라 원하는 대상에 초점을 맞춰라. 그러면 앞으로 어떤 일이
일어나더라도 해결책에 주의를 기울일 수 있을 것이다.

13. 물러나라

오늘 하루 동안은 당신이 필요하지 않은 일에 관여하지 마라. 어
떤 상황에 반드시 필요한 존재가 아니라면 물러나서 지켜보라. 다
른 사람들에게 스스로 문제를 해결할 기회를 주어라. 직장 동료 간
의 경쟁이든 가족 간의 싸움이든 간에 이번 주에는 중재하는 역할
을 중단하고 쉬어라. 다른 사람들이 해결하도록 내버려두어라. 그
리고 만일 "왜 돕지 않았어?"라는 질문을 받으면 "네가 처리할 수
있을 줄 알았지!"고 답하라. 이런 선택의 핵심은 누군가를 포기하
는 것이 아니라 방해하지 않는 것이다. 다른 사람의 복잡한 상황에
서 물러나야 자신의 기분을 살필 수 있다.

14. 진심으로 들리도록 말하라

무언가를 원하다면, 원하는 것을 말하라. 무언가가 필요하면, 필요한 것을 말하라. 필요와 욕구를 충족시키려면 무엇을 부탁하고 있는지를 명확하게 전달하고 '당신이 해야 한다'가 아니라 '내가 필요하다'는 식으로 요청을 표현하는 것이 최선의 방법이다. '당신이 해야 한다'는 표현은 다른 사람으로 하여금 협조하는 위치가 아니라 방어적인 자세를 취하게 만든다. 아울러 요청하는 의도를 잊지 마라. 의도에 따라 말에 실린 에너지와 전달하는 어조가 달라진다. 진심으로 들리도록 다정하게 말하라. 진심으로 들리도록 말하면 시간이 절약되는 한편, 오해가 생겨서 시간을 낭비하며 큰 그림에 집중하지 못하는 상황을 피할 수 있다.

15. 위를 쳐다보고 미소를 지어라

고개를 들어 위를 쳐다볼 때, 인상을 찌푸리기란 생각보다 어렵다. 그냥 위를 쳐다보기만 해도 어떤 상황에 대한 시각을 바꿀 수 있다. 좌절에 직면했을 때는 하늘을 쳐다보고 미소를 지어라. 미소의 힘을 과소평가하지 마라. 진심에서 우러난 진정한 미소에는 상황을 가볍게 만들고 긴장을 완화하며 만족감과 협력하려는 마음을 키우는 힘이 있다. 지금껏 놓쳤을지도 모르는 것과 상대방과 역동적이고 긍정적으로 관계를 맺고 싶다는 마음을 확인하기 위해 필요한 것은 어쩌면 그 잠깐의 여유일지도 모른다.

16. 다른 사람과 관계를 맺어라

지금 보내고 있는 시간 덕분에 경험과 관계의 질이 높아지는가? 아니면 매순간 멀티태스킹을 하고 있는가? 이를 테면 달리기를 하러 나가서 달리는 중에 여동생에게 전화를 건다고 하자. 그러면 두 가지 활동이 두뇌의 주의를 끌기 위해 경쟁할 테니 어떤 경험이든 완전히 만족스럽지 않을 것이다. 우리는 사회적 존재이며 따라서 건강하고 활기차게 살려면 반드시 다른 사람과 시간을 공유해야 한다. 그런데 시간을 쪼개어 일대일로 관계를 맺는 중에 다른 일을 처리한다면 시간을 공유할 수 없게 된다. 주의를 산만하게 만드는 장치가 없는 곳에서 상대방과 함께 있다는 즐거움을 공유할 시간을 계획하라. 오늘은 15분 동안 상호작용이나 대화, 혹은 고요한 순간 안에 존재하라. 그러면 정신과 관계가 새로운 활력을 얻을 것이다.

17. 완벽한 존재가 아니라 더 나은 존재가 되어라

이 말을 오늘 하루, 혹은 이번 주, 혹은 평생의 선언문으로 삼아라.

18. 유머 감각을 찾아라

어떤 상황에서든 유머를 찾을 수 있다면, 적절한 시기에 갈등을 완화하고 긴장을 해소할 수 있다. 친밀한 분위기를 조성하기 좋으므로 어긋날 수도 있었던 일을 이성적으로 생각해보는 계기를 마련할 수 있다. 뿐만 아니라 웃으면 기분이 좋아진다. 행복 호르몬이 폭발할 것이며 그러면 즉시 새로운 마음가짐으로 제자리에 돌아올 것이다. 가벼운 마음을 유지하고 적어도 하루에 한 번 웃는 것을 목표로 삼아라.

19. 심호흡하라

이것은 내가 가장 좋아하는 효과적인 휴식 방법이다. 다른 일을 시작하기 전, 순간에 몰입할 수 있는 단순하면서도 효과적인 방법이다. 어떤 도전이나 예상치 못한 상황에 직면했을 때, 또는 어려운 선택을 해야 하거나 혹은 변화가 필요한 순간이라면, 잠시 멈추어 다섯 번 정도 심호흡을 하라. 그러면 의식의 중심을 발견하고 생각의 균형을 되찾으며 행동할 방법을 정리하기에 충분한 시간이 생긴다. 이 테크닉은 대단히 효과적이며, 그 순간에 당신을 위한 결정적인 터닝포인트가 될 수 있다.

20. 멀티태스킹에 작별을 고하라

우리의 두뇌는 멀티태스킹을 좋아하지 않는다. 게다가 멀티태스킹이 효과적인 것 같지만 실상 그렇지 않은 것으로 나타났다. 어떤 프로젝트를 시작했다면, 일단 마무리한 다음에 다른 프로젝트를 시작하라. 열혈 멀티태스커라면 완벽하게 마무리했다는 느낌을 줄 수 있을 만큼 사소한 업무로 시작하라. 당신은 쪼갤 수 없는 사람이니 이를 명심하고 당신에게 맞는 활동을 선택하라.

21. 하루 일과를 저장시켜라

매일 홈런을 칠 수는 없다. 이따금은 다음 베이스까지만 달리기만 해도 충분하다. 특히 휴일과 특별 행사가 다가오면 일과는 금세 스케줄로 넘친다. 그럴 땐 멈춤 버튼을 누르고 하루 일과를 저장시켜라. 이 말은 지금 그 일을 처리하는 대신 나중에 시작할 수 있도록 세팅을 한다는 의미이다. 한 번에 한 베이스만 진루해도 홈 플레이트에 충분히 도달할 수 있다. 지금 못한 일은 나중에 할 수 있다. 아니면 해야 할 목록에서 그 일을 지워도 좋을 것이다.

22. 당신의 감각과 관계를 맺어라

오늘은 감각을 위한 시간을 계획하라. 응시할 수 있는 아름다운 대상을 눈에 담아라. 맛있고 영양가가 풍부한 음식을 먹어라. 정원의 향기를 경험할 시간을 가져라. 경이로운 음악을 들어라. 사랑하는 사람과 적어도 여덟 번 이상 포옹하라. 이는 온몸과 정신, 영혼에 자양분을 제공해준다. 바쁨에서 벗어나 하루를 살기 위해서는 이런 자극이 반드시 필요하다.

23. 중요하지 않은 일은 아웃소싱하라

성공을 거둔 사람들은 타인의 도움을 받아 일을 처리할 줄 안다.

언제 어떻게 도움을 청할지 파악하는 능력은 목표를 성취하는 과정에 절대적인 필수 요소이다. 그들은 다른 사람에게 일을 위임하고 처리하는 과정에서, 조력자로서 가장 적합한 사람들을 선발한다. 오늘은 개인 생활을 관리하는 CEO가 되었다고 생각하고, 목표와 무관한 중요하지 않은 일을 아웃소싱하라. 어쩌면 아주 조금이지만 통제권을 포기해야 할지 모른다. 어쩌면 조력자가 당신이 원하는 대로 일을 처리하지 않을지 모른다. 하지만 중요하지 않은 일이라면 그래도 최종 결과에 미치는 영향이 그리 크지 않을뿐더러, 휴식을 위한 짬을 낼 수 있게 해줄 것이다.

24. '고비의 날'을 행복하게 보내라

고비의 날은 1주일의 중간 날이다. 자신이 현재 어디에 위치해 있으며 한 주의 남은 날들을 어떻게 보내고 싶은지를 평가할 적절한 시기이다. 또한 중간 휴식을 취하고 일상에서 벗어난 재미있고 즉흥적인 일을 하면서 에너지와 집중력을 변화시키고 쇄신할 수 있다. 이를 테면 데이트를 하거나 집에서 영화를 보거나 친구들과 파자마 파티를 연다. 무엇이든 간에 마음가짐을 리셋하는 방법을 찾고, 한 주의 남은 날들을 무사히 헤쳐나갈 힘을 얻어라.

25. 책상을 정리하라

잡동사니는 여기저기 쌓인 더미에서 한바탕 쏟아져 나오는 방해 요소의 원천이다. 집에서 잡동사니를 치우는 일에는 대부분 통상적인 순서와 방법이 있다. 하지만 회사 책상에서 일어나는 사태는 어떤가? 잡동사니를 보면 긴장되고 혼란스러우며 초점을 유지하기가 어려워진다. 두뇌가 잡동사니를 처리해야 할 대상으로 해석하기 때문이다.

이번 주에는 직장을 포함해 어디든지 잡동사니가 쌓인 곳으로 향할 때면, 몇 분 동안 다음과 같이 생각하라. '잡동사니는 에너지를 소비하고 물리적인 공간을 차지한다.' 한 장소에서 다음 장소로 잡동사니를 옮기려면 시간과 머리를 써야 한다. 파일에 두었다가 서랍에 넣는다. 물건이 그곳에 있다는 사실조차 잊은 상태라면, 다음번에 향할 곳은 십중팔구 문서 분쇄기나 재활용 쓰레기통일 것이다. 잡동사니는 분쇄하거나 재활용할 수는 있지만 시간은 그럴 수 없다. 책상을 깨끗이 정리하라. 그러면 정신도 깨끗이 정리될 것이다.

26. 자신에게 휴식 시간을 주어라

우리는 요리하거나 운동하거나 시험을 치거나 아이들에게 휴식 시간을 줄 때, 타이머를 맞춘다. 타이머를 맞추는 것은 매우 효율적인 일 처리 방식이다. 어떤 일을 처리하기 위해 타이머를 맞추면 모든 것에는 시작과 끝이 있다는 사실을 일깨울 수 있기 때문이다. 마찬가지로 당신 역시 길에서 벗어나 아무것도 하지 않는 공간

을 만들어야 할 때가 왔다. 그렇다. '아무것'도 하지 않는다. 오늘
은 자신에게 휴식 시간을 주어라. 한 주 동안 매일 준다면 더 좋다.
10~15분가량으로 정해도 상관없다. 시간과 상관없이 그저 타이
머를 맞추고 의식적인 휴식 시간을 가져라. 이 공간에서 새로운 가
능성을 경험할 것이다. 이 가능성이 당신이 찾고 있던 해답이나 당
신에게 필요한 의식의 전환을 가져올지 모른다.

27. 서핑을 단호하게 거부하라

누구나 운전하는 중에 문자를 주고받으면 안 된다는 사실을 안다.
그리고 대부분 저녁을 함께 먹는 사람이 스마트폰보다는 우리에게
집중하는 편을 더 좋아한다. 최근 연구에 따르면 일반인이 평생 소
셜 미디어에 쓰는 시간은 약 5년인 것으로 나타났다. 이 습관을 고
치려면, 언제 이런 장치를 사용하는지 의식하면서 한걸음씩 내딛
는 것이 가장 효과적이다. 운전하거나 먹거나 대화를 나눌 때는 소
셜 미디어를 멀리하라. 이 상황을 모두 선택하거나 아니면 한 가지
상황만 골라라. 그리고 점차 그 시간을 늘려나가라. 하루 동안? 아
니면 한 주 동안? 가능할 것이다. 이제 더 이상 시간에게 손을 흔
들며 작별할 필요가 없다.

28. 어머니의 조언을 기억하라

"무슨 일이 일어나는지는 중요하지 않아. 네가 그것을 어떻게 처

리하는지가 중요할 뿐이야." 내가 어른이 될 때까지 어머니는 이 조언을 수도 없이 반복하셨다. 이는 우리의 행위와 행동이 우리의 선택일 뿐 외부 사건에서 야기된 것이 아니라는 사실을 일깨우는 말이다. 이 자유로운 철학을 받아들인다면 소란스러운 상황이나 대립에 빠지지 않을 것이다. 자신을 어떤 식으로 대하는지 세심하게 지켜보라. 그러면 어떤 일이 일어나더라도 미리 손을 써서 해결할 수 있는 유리한 위치를 얻을 것이다. 그 일이 지나가면 일을 처리한 자신의 방식에 진정으로 만족감을 느낄 것이다.

29. 지금 여기에 존재하라

만일 당신의 생각이나 행동이 한쪽에 치우치거나 지나치게 무리하는 것처럼 느껴진다면, 십중팔구 실제로 그런 게 맞다. 이럴 땐 현재에 머물러라. 영원히 그럴 필요는 없다. 우리 어머니는 항상 이렇게 말했다. "누구든지 1분 동안 한 발로 서있을 수 있지만 한 달 동안은 그럴 수 없어." 이 단순한 조언에 주목하고 잠시 멈추어 지금 자신이 한 발을 든 자세로 앞으로 나가고 있는 건 아닌지 생각해보라.

30. 놀아라

놀이는 두뇌를 즐겁게 만든다. 우리가 즐거워할 때 두뇌는 통증을 차단하고 스트레스를 날려버리는 행복 화학 물질 도파민을 분비한다. 이것이 바로 게임과 운동의 한 가지 매력이다. 이 두 가지는 똑같이 두 가지 두뇌 화학 물질을 자극하는데, 이 중에서는 운동이 더 건강에 좋은 선택이다. 행복감이 커지고 스트레스와 통증을 덜 느낀다면 더욱 적극적이고 생산적으로 변할 것이다. 상호작용하면서 협력과 팀 빌딩(팀원들의 작업 및 커뮤니케이션 능력, 문제 해결 능력을 향상시켜 조직의 효율을 높이려는 조직개발 기법-옮긴이), 상쾌한 마음가짐 리셋을 확대하면 보람을 느낄 수 있다. 그러니 이번 주에는 놀이 시간을 정하라. 이를 테면 부엌에서 요리하면서 즉흥적으로 춤을 추거나, 비오는 날 물건 찾기 게임을 한다. 직장에서는 팀원들과 함께 컵 쌓기 게임으로 점심 내기를 한다. 무엇을 하든지 상관없다. 그냥 즐겨라! 웃고 가볍게 지내고 놀아야 한다는 것을 기억하라!

31. 단어를 선택하라

현실을 바꿀 수 있는 매우 효과적인 한 가지 방법으로, 의사소통할 때 사용하는 단어를 의식적으로 선택하라. 원하는 결과를 얻고 내적 대화를 시작할 수 있는 방식으로 하고 싶은 말을 전달하는 것이 핵심이다. 내적 대화가 정말 당신이 사용하는 단어를 선별한다면 화법이 바뀔 확률이 더 높아지고, 그러면 당신의 현실에 영향을 미칠 것이다.

그렇다 해도 확실하게 짚고 넘어가자. 건강한 대화의 기틀을 이루는 것은 판단이 아니라 공감과 다정함, 그리고 진실이다. 그 기틀을 이용해 자신의 의도를 결정하고, 해야 할 말을 단도직입적으로 전달하라. 이를 테면 '나는 너무 바쁘다'처럼 습관적인 문구를 말하기보다는 '지금은 안 된다'나 '나중에 다시 살펴보겠다'처럼 해야 할 말을 솔직하게 표현한다. 이 같은 간단한 문구를 사용하면 방어에서 발견으로 사고가 전환되고, 시간을 잡아먹는 함정에 빠지지 않을 수 있다.

전달할 메시지를 만들어내는 데에 주의를 기울여라. 의도를 결정하고 숨을 한 번 쉰 다음, 해야 할 말을 긍정문으로 표현하라. '어쩌면'이나 '그런 것 같다' 같은 수동적인 말은 피하라. 무엇을 할 것인지 그 순간에 확실하게 밝혀라. 나중에 다시 살펴보거나 알려줄 기회가 항상 존재한다. 그 선택 방안이 필요하다고 생각되면 그렇게 말하라. "지금 이 일을 하고 있는데 이 일을 마친 다음에 무슨 일을 할 수 있는지에 대해서는 (구체적인 날짜와 시간)에 당신에게 말할게요." 단순하고 명확하며 간결한 문장을 이용하면 커뮤니케이션이 더 쉬워지고 혼란과 오해가 일어나 시간을 낭비하는 일이 없을 것이다.

32. 즐겨라

왜 즐거운 일에 시간을 더 많이 쓰지 않는가? 즐겁게 휴식을 취하면 몸과 마음이 프로젝트에서 물러날 때와 똑같은 영향을 받는다.

생산성과 생동감이 커지는 한편 새로운 시각이 생긴다. 즐거움이라는 요소의 우선순위를 높이면 더 활기차게 살 수 있다. 오늘 즐거운 순간을 만들고 우선순위로 삼아라. 사랑하는 사람과 그 순간을 공유하고 함께 체험할 기회를 가져라. 그러면 희망이 생기고 걱정을 잊고 즐거워질 수 있다. 창조적인 문제 해결 능력이 향상되고 기분이 좋아질 것이다.

33. 죄책감이 없는 하루를 보내라

'죄책감이 없는'이라는 단어가 여기저기 난무하며, 먹는 음식부터 우리의 생각과 행동에 이르기까지 온갖 것에 적용된다. 이미 끝난 말과 행동에 대해 죄책감을 느끼면 앞으로 나아갈 수 없다. 죄책감은 걸핏하면 에너지를 빼앗는 정신적인 장애물이다. 죄책감을 일으키는 세 가지 일을 떠올려보라. 말과 행동 때문에 죄책감을 느끼는가? 이 질문에 대해 생각만 해도 죄책감을 표면으로 끌어올리고 관리할 수 있는 의식적인 해결책을 모색할 수 있다. 자신의 실수를 인정하는 것은 개인의 성장을 위해 언제나 필요하다. 자신의 기준을 충족시키지 못했다 해도 스스로를 다그치지 마라. 항상 다음번이 존재한다는 태도를 취해라. 뼈아픈 실수의 아픔을 어루만져야 할 때 이 태도를 이용하라. 당신에게 이미 일어난 일을 바로잡거나 개선할 수 있는 힘이 있다고 인정하라. 그러면 실제로 다음번에는 그 일을 바로잡거나 적어도 개선할 수 있게 된다.

34. 용기를 내라

용기를 내어 하루 동안 핸드폰을 꺼라. 주변 사람들에게 자신의 소
재를 전하고 용기를 내어 하루 동안 핸드폰을 꺼두기로 했다는 사
실을 알려라. 이는 도전이다. 마치 지구상에 남겨진 마지막 사람이
된 것 같은 기분이 들 것이다. 하지만 약속하건대 하루가 얼마나
생생하게 느껴지는지에 깜짝 놀랄 것이다. 색상을 더 선명하게 보
고 다른 사람의 말을 듣고 기억할 수 있다. 매우 편안해져서 낮잠
을 잘지도 모른다.

뿐만 아니라 손에 쥔 작은 악마에 중독되는 바람에 얼마나 많은 시
간을 방해받으며 보냈는지를 뼈저리게 느낄 것이다. 그 악마는 탭
하고, 브라우즈하고, 체크인하라고 쉴 새 없이 부추긴다. 용기를
내어 그 악마를 끄고 당신의 하루를 켜라.

35. 이야기를 전하라

하루 스케줄을 이야기라고 생각하면 앞으로의 일과에 재미를 가
미할 수 있다. 상황이 무겁다고 느껴질 때 이야기를 하면 분위기가
가벼워진다. 이야기는 하루의 시작과 중간, 끝을 체계화하는 독창
적으로 효과적인 방법이다. 프로처럼 편집하고 진심으로 상호작용
하면서 상대가 귀를 기울일 만한 방식으로 명확하게 의사를 전달
하라.

시작 장면을 정하라. 오전에 무슨 일을 마무리할 계획인가? 이야

기의 2장에는 이를 테면 맛있는 음식이나 재미있는 활동처럼 활력소가 될 요소를 반드시 포함시켜라. 그러면 집중력이 향상되고 에너지가 고조될 것이다. 그리고 마지막 장에서는 결말에 대한 기대를 남겨둔다. 빨리 끝낼 수 있고 집중력을 많이 요하지 않으며 우선순위가 낮은 업무를 이 시간에 배치한다. 당신의 이야기, 당신의 하루를 멋지게 마무리하고 싶다는 소망에서 노력할 수 있는 힘을 얻을 것이다.

36. 반성하라

오늘 하루와 다음 날의 경계가 불분명해지면, 매일 일어났던 일을 돌아보면서 반성하는 것을 잊기 쉽다. 하루를 반성하면 생산성이 높아지고, 상상력을 자극해 새로운 아이디어를 떠올리며, 넓은 시각으로 상황을 이해할 수 있다. 반성은 '나는 할 수 있다'는 정신을 견제하고, 효과적이었던 것과 변화시켜야 할 것을 파악하는 한 가지 방법이다.

미국의 철학자이자 심리학자인 존 듀이는 다음과 같이 말했다. "우리는 경험에서 배우지 않는다. 경험에 대한 반성에서 배운다."

몇 분 동안 하루를 반성하며 다음번에 반복하고 싶을 만큼 가장 효과적이었던 전략을 적어라. 하루를 잘 보냈다고 스스로 어깨를 두드려주어라. 순간을 그냥 흘려보내지 말고 경험하라.

37. 속도를 늦추어라

오늘 속도를 늦추어 대담한 변화를 일으켜라. 한 번에 한 가지 일을 수행하라. 계속하기 전에 잠시 멈추어 반성하라. 그러면 생산성이 향상되고 정신이 더 건강해질 것이다. 멀티태스킹과 그것의 속임수는 두뇌를 혼란시켜 모든 것을 중요하다고 인식하게 만든다. 그 결과 실수와 오해가 발생해 시간을 허비하게 된다. 속도를 늦추면 생산성이 향상되어 업무의 질이 높아진다. 이를 맛있는 스프나 소스라고 생각하라. 스프나 소스가 부글부글 끓을 때 냄새가 나고 맛이 모습을 드러낸다. 속도를 늦추면 몸과 마음에 바로 이런 일이 일어난다. 멀티태스킹을 중단하고 속도를 늦추면 생각이 더욱 독창적이고 섬세해지는 한편, 상상력이 더욱 풍부해지고 기분과 태도가 긍정적으로 변화한다.

38. 작은 덩어리로 나눠라

의식적으로 잠시 멈추고 시간을 현실적으로 관리하면, 하루 일과를 작은 덩어리로 나누어 부담감을 느끼지 않고 임무를 완수할 수 있다. 세심하게 하루 계획표를 만들어라. 오늘의 최종 목표를 일깨우는 짧고 간단한 긍정적인 문장을 계획서에 포함시켜라. 하루 중에 가장 생산적이라고 생각되는 시간을 선택해 집중력과 시간이 가장 많이 드는 항목을 처리하라. 계획한 대로 하루 동안 노력하고 성과를 거둔 것에 보상을 제공하며 하루를 마무리한다. 중간 시간은 집중을 덜해도 무방한 일에 이용한다.

일반적으로 아침, 점심, 저녁으로 하루를 나눈다. 오전, 오전 중간, 오후, 오후 중간, 이른 저녁, 저녁 식사 후로 하루를 나눌 수도 있다. 어떤 방식이든 간에 자신에게 가장 효과적인 방식을 택한다. 시간을 절약할 수 있는 이 일일 스케줄 작성 방법은 일을 처리하고 그에 대한 보상을 제공한다. 당신은 보상받아 마땅하다.

39. 완벽보다는 진보를 선택하라

우리는 조금씩 진보하면서 앞으로 나아간다. 완벽을 추구하면 한 번에 한 가지 생각에 빠져 꼼짝달싹 하지 못한다. 흔히 자기 비판적인 이런 생각에 사로잡히면 새로운 아이디어를 떠올리지 못하고 시간을 낭비하게 된다. 성장하고 배울 수 있는 공간을 제공하는 것은 우리의 결함과 불확실성이다. 너무 뻔한 이야기 같지만, 하루의 핵심은 우리의 발견과 이 발견 덕분에 풍부해지는 아이디어와 경험이다. 이번 주에는 성장과 학습을 위한 공간을 마련하는 한편, 처리해야 할 일이 등장할 때마다 성장하고 배운다는 태도로 진보한다는 사실을 의식적으로 인식해라. 그러면 완벽해야 한다는 부담감에서 벗어날 수 있다.

40. 새로운 청사진을 그려라

만일 자동 조종 장치에 따라 움직인다는 느낌이 든다면, 당신의 일상은 그야말로 일상적일 것이다. 무미건조하다는 느낌은 두뇌와 정신이 오래 전부터 똑같은 일을 너무 많이 반복하면서 소모된 결과물이다. 오늘은 부담스럽거나 따분하게 느껴지는 몇 가지 일상적인 업무를 전환해서 변화시키고 새로운 청사진을 그려라. 저녁 대신 아침을 먹고, 자동차 전용 도로 대신 풍경이 멋진 길로 출근하고, 주간 업무 회의에서 평소와는 다른 의자에 앉고, 새로운 레스토랑에 가본다. 횟수와는 상관없이 단순한 변화들이 사고를 재부팅해서 즐거움과 호기심, 경이로움의 의미를 새롭게 정의할 수 있다. 이번 주에는 적어도 한 가지 일, 한 가지 발견, 한 번의 우연한 만남에서 경이로움을 느껴라. 그 경이로움과 호기심을 하루를 재설계하는 새로운 청사진에 포함시켜라.

41. 시간에 생기를 다시 불어넣어라

오후 3시의 둔화 상태를 느껴본 적이 있는가? 에너지와 열의, 총기와 집중력이 사라지고, 공을 들이는 모든 일에 진전이 없다. 활력소가 필요하다. 막대사탕 따위는 도움이 되지 않을 것이다. 하지만 다음 다섯 가지 방법을 이용하면 몸과 마음이 다시 작동하고 즐겁게 일과를 마무리할 수 있는 바람직한 상태로 변할 것이다.

하나, 일어나서 움직여라. 고작해야 회사 라운지로 천천히 걷는 것이 전부일지라도 위치를 바꾸어라. 산책을 나가서 위를 쳐다보라. 이는 자연과 접촉하면서 자신이 방대하고 경이로운 무언가의 일부라는 사실을 상기하는 의식적인 방법이다.

둘, 1분 동안 눈을 감고 사랑하는 사람들의 얼굴을 떠올려보라. 그들을 보며 미소를 지어라. 그러면 그들은 미소로 답할 것이다.

셋, 파워 포즈를 취하라. 당당한 자세를 취하면 더 강해졌다는 느낌이 든다. 그러면 더욱 효과적으로 생각할 수 있을 것이다.

넷, 건강에 좋고 맛있는 음식을 먹어라.

다섯, 물을 마셔라. 물은 몸과 마음에 수분을 공급할 마법의 특효약이다.

42. 계획표에 색칠하라

해야 할 일들에 색을 칠하지 말라는 법은 없다. 색상으로 분류한 일정표는 훌륭한 정리 도구이다. 해야 할 일을 한 눈에 볼 수 있으며 그러면 1주일 동안의 삶의 기쁨이 활기를 띤다. 아울러 어떤 부분에서 진행하는 일이 너무 많은지, 어떻게 하면 일을 분산해 흐름을 원활하게 만들 수 있는지를 확인할 수 있다. 가장 좋아하는 색상을 사용하면 더 재미있을 것이다. 결코 재미를 놓치지 마라!

43. '왜 지금?'인지 물어라

계획과 요구 사항들 때문에 도무지 갈피를 잡을 수 없는 날이 있다. 그러면 목표와 목표를 성취할 방법을 잊기 쉽다. 이때 '왜 지금?'인지 물으면 새로운 시각을 얻고 목표로 향하는 방향의 초점을 조정할 수 있다. 하루를 시작할 때 몇 분 동안 가만히 일정표를 훑어보면서 '왜 지금?'을 자문하라. 적절한 답변을 제시할 수 없다면 그 활동을 스케줄에서 빼고 나중에 다시 살펴봐도 괜찮다고 생각하라. 예상치 못한 일이 갑자기 발생해 주의나 노력을 기울여야 할 때 역시 반드시 '다른 일도 해야 하는데 왜 지금?'인지 자문하라. '예'라고 대답하기 전에 멈추어 판단하라. 그런다고 해서 곤란한 상황에 빠지지는 않을 것이다.

44. 나만의 자기관리법 세 가지를 만들어두라

예상치 못한 변화가 일과에 끼어들 때는 중심을 잃지 않을 세 가지 활동이나 의식을 선택해서 실행하면 도움이 된다. 이런 나만의 자기관리법은 '그래, 내가 세 가지 일을 처리했어'라는 승리감을 만끽하며 하루를 마무리하도록 도울 수 있다. 기분과 건강, 행복감을 향상시키는 자기관리법을 선택해야 한다. 내 자기관리법은 명상과 비타민 먹기, 그리고 운동이다. 하루를 마무리하면서 승리자라고 느낄 수 있는 세 가지 자기관리법을 선택하라.

45. 여행 일정 계획서를 구상하라

스케줄을 바꿀 수 없는 경우가 있다. 그렇다 해도 스케줄에 대한 생각은 바꿀 수 있으며 그러면 기분도 바뀔 것이다. 마음가짐을 바꾸면 시각과 경험이 다양해진다. 1주일을 스케줄이 아니라 여행 일정 계획서라고 생각하라. 그러면 명소를 구경하고 순간을 즐길 수 있을 것이다. 하루가 쏜살같이 지나간다기보다는 여행하면서 느낄 수 있는 일을 매일 한 가지씩 선택하라. 관심이 가는 장소와 여가 시간, 그리고 적어도 한 번의 외식을 여행 계획에 포함시켜라. 한 주가 끝나면 그때껏 거쳐온 것을 돌아볼 것이다. 참으로 바쁜 한 주였다고 되뇌는 대신, 간 곳과 본 것의 모든 순간을 되짚어 볼 것이다.

46. 내 안의 멘토를 찾아라

멘토는 방향을 제시하고, 격려하고, 발전과 성장을 지지하고, 자아를 발견하도록 영감을 불어넣고, 동기를 부여한다. 이 과정은 멘토와 멘티 모두에게 탐험이다. 이따금 삶은 우리에게 자신의 멘토가 되라고 요구한다. 이번 주에는 내면을 들여다보고 내 안의 멘토를 찾아라. 자신의 자문이 되어 자신의 경험과 통찰력을 이용하라. 좋아하는 것을 신중하고 의식적으로 선택해 행동하라. 타고난 특성을 발휘해 불확실성을 헤쳐나가라. 자신의 최고 멘토와 응원단장, 그리고 스승이 되어라. 여느 헌신적인 멘토가 그렇듯이 언제든 곁에서 당신을 돕는 존재가 있다고 믿어라. 하루가 절정에 이르렀을 때 잠시 멈추어 무엇을 가르치고 배우기로 선택할 것인지 자문하라. 가르침과 배움은 서로 자극하고 향상시키면서 어울린다.

47. 새롭게 시작하라

희망은 새로운 시작에서 샘솟는다. 과거를 청산하고 모든 원한과 분노, 혹은 오해에서 벗어나면 정신이 자유롭게 성장한다. 백지 상태로 한 주를 시작해서 단 하루만이라도 불만을 모두 잊어라. 그러면 창의력과 상상력을 고무시키는 참신한 생각이 정신을 가득 채우고, 해결책을 찾아내기도 한결 수월해질 것이다.

48. 활기차게 움직여라

오늘은 풍부한 가능성과 탐구의 날이다. 자신의 참모습을 이해하기 위해서는 필요한 것과 원하는 것을 반드시 알아야 한다. 그러므로 오늘은 모든 가능성에 마음을 열고, 활기차고 대담하게 움직여라. 빛이 모습을 드러낼 기회를 주어라. 그러면 다른 사람들이 당신의 빛에 매료되어 감동할 것이다.

49. 당신의 궤도를 이해하라

당신의 특성이 언제 어떻게 자신을 이끌지 이해하면, 당당한 권위와 목적 의식을 가지고 그 특성을 더 빈번하게 의식적으로 발휘할 수 있게 된다. 밤하늘에서 반짝 반짝 빛나는 별처럼, 당신을 더할 나위 없이 참다운 당신으로 만드는 것이 바로 그 특성이다. 일상을 순조롭게 관리하고 결정과 선택을 확정하는 본질적인 요소는 무엇인가? 어려운 시기에 직면했을 때 어떻게 신념을 지키는가? 꿈과 소망이 언제 가장 빛나는가? 꿈과 소망을 향해 나아갈 때 도움이 되는 원칙은 무엇인가?

어쩌면 당신은 일류 조직자이거나 몽상가, 혹은 낙관주의자나 실용적인 사상가일지 모른다. 오늘 이 모든 재능과 기술을 전면에 내세워 중심에 놓고, 마음껏 활동할 기회를 제공하라. 나침반을 머릿속에 그리고 동서남북을 당신의 네 가지 뚜렷한 특성으로 대체하라. 이는 당신이 지나는 길목에 삶이 돌덩이를 던질 때, 재빨리 떠올릴 수 있는 강력한 등대가 되어준다.

50. 큰 사랑을 추가하라

무한한 만족과 큰 즐거움을 선사하며 강렬하게 당신을 끌어당기는 것은 무엇인가? 당신의 큰 사랑은 무엇인가? 당신을 끌어당겨 감격과 환희에 가득 찬 사랑으로 가득 채우는 것은 무엇인가? 당신의 하루에 큰 사랑을 뿌려라. 그러면 기분이 한층 좋아지고 다시 의식적으로 삶의 선물을 주목할 수 있다. 사랑과 기쁨으로 충만해지면, 에너지가 긍정적으로 변화하고 오감이 예리해지며 매우 유익한 하루를 보낼 것이다. 당신의 하루를 사랑하고 그 빛을 널리 퍼트려라.

51. 취미를 습관으로 만들어라

취미는 건강한 엔돌핀을 분비시키며 유스트레스eustress를 일으키는 효과적이고도 재미있는 방법이다. 유스트레스란 일반적으로 휴가를 가거나 게임을 하거나 혹은 스키 같은 짜릿한 모험을 할 때 활성화되는 긍정적인 스트레스이다. 취미의 좋은 점은 이뿐만이 아니다. 취미는 긍정적인 사고를 기르고 신체 상태와 심리 상태를 개선해 삶에 대한 의욕과 열정을 지속적으로 불러일으킨다. 집중력이 향상되고 정신 상태가 강화되며 열정이 되살아난다. 덕분에 노력한 결과가 더욱 풍부하고 소중해질 것이다. 이번 주에는 취미를 습관으로 만들어라. 그것은 바쁨에서 벗어나 멋진 휴식을 선사하고, 당신의 하루에 새로운 활력을 불어넣어 줄 것이다.

52. 미소를 지으며 고맙다고 말하라

미소와 고맙다는 말은 단순한 제스처이지만, 상대방의 기분을 온전히 북돋아준다. 미소를 나누며 진심 어린 고마움을 전할 때, 당신과 상대의 행복이 함께 커진다. 오늘은 미소와 고마움을 나누고 당신의 하루와 세상을 더 나은 곳으로 만들어라.

에필로그

　이 책을 쓰는 동안 나는 연령과 배경이 다양한 수많은 여성과 감정을 표현하며 솔직한 대화를 나누었다. 이를 통해 모든 일을 처리하려는 악전고투 자세와 바쁨을 초래하는 모든 요구 사항과 기대가 우리를 하나로 묶어준다는 사실을 발견했다.

　나는 우리의 딸과 자매, 친구, 여성 직장 동료를 관찰해 바쁨의 문화가 어떻게 거의 모든 일에 영향을 미치는지를 확인하는 것이 우리 모두의 의무라 생각한다. 우리가 바쁘게 움직이는 속도가 어머니와 할머니 혹은 우리 삶에 들어온 다른 여성 선배와 함께 보내는 시간의 질에 어떤 영향을 미치는지에 주목하면, 바쁨이 한 세대에서 다른 세대로 대물림되었다는 사실을 재차 확인할 수 있다.

스물다섯 살인 내 딸은 이 악전고투의 자세에 대해 다음과 같이 말한 바 있다. "엄마, 시간을 찾는다는 건 있을 수 없어요. 시간을 만들어낼 수 없잖아요. 밖에 나가서 덤불에 숨어있는 시간을 찾아내거나 시간이 모습을 드러내게 만들 수 있는 건 아니죠. 시간을 계획해야 해요. 그렇게 해야 우리 삶을 변화시킬 수 있어요. 상황이 달라지도록 변화하기 위해 시간을 계획하는 방법으로 말이에요."

그러니 의식적인 선택, 명확하고 사려 깊은 커뮤니케이션, 건강한 경계선, 그리고 서로를 위한 큰 사랑과 공감으로 기틀을 다져서, 우리 삶을 변화시키기 위한 계획을 세우자. 이제는 우리 개개인과 우리를 따르는 사람들을 위해 가장 큰 변화를 일으킬 시간이다.

감사의 말

내 천사의 무리가 지지와 믿음, 사랑과 유머의 끊이지 않는 조화 속에서 날개 짓을 했다. 그들 모두에게 감사한다.

나이에 비해 깊은 통찰력과 매일 매일의 응원, 그리고 소셜 미디어 노하우를 선사한 내 딸 줄리에트. 이 책을 쓸 시간을 허락한 비즈니스 파트너이자 절친한 친구 질. 질은 이 책을 쓰느라 얼마나 바쁜지 모른다며 두서없는 이야기를 늘어놓은 내게 단 한 번도 불평하지 않았다. 흔들리지 않는 격려와 조언을 전하며 이 책에 대한 내 꿈을 일깨워준 레베카. 직관과 재미있는 휴식을 선사한 록산느, 나를 훌륭하게 가르친 NLP 마스터 트레이너 팀과 크리스 할봄. 내게 많은 것을 가르치고 쇄도하는 내 질문에 기꺼이 친절하게 답한 데이브. 처음부터 나를 믿고 포기를 모른 채 내 책의 집을 찾아다녔으며 '영원한 전진'의 진정한 의미를 공유한 내 에이전트 존 윌리그. 이 기회뿐만 아니

라 이 책을 위한 단순한 집을 넘어 제대로 된 집이라는 소중한 선물을

준 뉴 월드 라이브러리의 편집국장 조지아 휴스와 설립자 마크 앨런

에게 무한한 감사를 전한다.

바쁨과 헤어지는 중입니다

초판 인쇄   2019년 8월 15일
초판 발행   2019년 8월 20일

지은이 · 이본 탤리
옮긴이 · 이미숙
펴낸이 · 조승식
펴낸곳 · 돌배나무
등 록 · 제2019-000003호
주 소 · 01043 서울 강북구 한천로153길 17
전 화 · 02-994-0071
팩 스 · 02-994-0073
www.bookshill.com | bookshill@bookshill.com

책임 편집 · 김순란
종 이 · 다올페이퍼
인 쇄 · 보광문화사
제 본 · 광현제본
마케팅 · 김동준, 변재식, 이상기, 임종우
공급처 · 북스힐

정가 13,500원
ISBN 979-11-966240-1-9